AF328994

E 1081.

3139
4974.

PIERRE DE TOVCHE

POLITIQVE

TIREE DV MONT

DE PARNASSE.

OV IL EST TRAITTE' DV
Gouuernement des principales
Monarchies du Monde.

*Traduicte en François, de l'Italien de
Traiano Boccalini.*

A PARIS,

Chez IACQVES VILLERY, au Palais,
à l'entrée de la galerie des prisonniers.

M.DC.XXVI.

Auec Priuilege du Roy.

AV LECTEVR.

E nom de Traia-
no Boccalini est
assez cogneu pour
donner à ce Liure
la recommandation qui luy
est deuë, cet Autheur estoit
doüé d'vn excellent esprit, &
comme il auoit vne grande
cognoissance des affaires du
monde, il les represente auec
vn iugement tres-parfaict,
& vne naïfueté infiniment
aggreable, il assaisonne tousiours les choses serieuses de

quelque raillerie ; & par diuerses inuentions il escrit la
verité de l'Histoire de ce
temps : car il esuente le dessein
que les Espagnols ont d'opprimer tous leurs voisins sous
pretexte de Religion, & de
Charité, & d'establir par ce
moyen leur Monarchie vni-
uerselle : & monstre que ceste
nation a tousiours eu l'interest
de Dieu & de l'Eglise, en la
bouche, & ne l'a iamais eu
dans le cœur; en quoy ie suis
bien aise de voir que les Italiens ayent mesme sentiment
que nous, & qu'ils approu-
uent par leurs escrits le iugement que nous auons fait il y

a long temps. Or ce liure m'e-
ftant tombé entre les mains
en la langue de fon Autheur,
ie l'ay traduit en François, &
ay penfé que le fubiect qu'il
traicte, luy donneroit l'adueu
de tous ceux qui defirent la
conferuation de l'eftat dans
lequel ils font nais, & qui par
la comparaifon du paffé peuuent iuger du prefent; Rece-
uez-le auec la mefme volonté
que ie vous le donne, & excu-
fez les fautes de l'impreffion.

TABLE

DES CHAPITRES

CONTENVS EN CE

PRESENT LIVRE.

Table

Extraict du Priuilege du Roy.

PAR grace & Priuilege du Roy, il est permis à IACQVES VILLERY, Marchant Libraire à Paris, de faire imprimer, vendre & debiter vn Liure intitulé, *La Pierre de Touche Politique,* sans que persóne que ledit VILLERY le puisse védre & debiter, pendant le temps & espace de six ans entiers & accomplis, comme plus amplement il est porté par les Lettres dudit Priuilege. Donné à Paris, le 10. iour de Decembre 1625. Et de nostre regne le seiziesme.

Par le Roy en son Conseil,

LE IAY.

PIERRE

PIERRE DE TOVCHE
POLITIQVE
TIREE DV MONT
DE PARNASSE.

OV IL EST TRAITTE DV gouuernement des principales Monarchies du Monde.

Pourquoy les Neapolitains sont extraordinairement opprimeZ par les Espagnols.

CHAPITRE I.

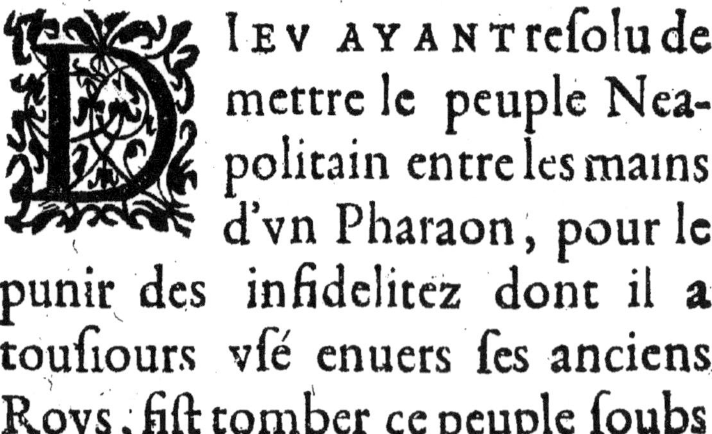

D IEV AYANT resolu de mettre le peuple Neapolitain entre les mains d'vn Pharaon, pour le punir des infidelitez dont il a toufiours vsé enuers ses anciens Roys, fist tomber ce peuple soubs

A

la domination des Roys d'Espagne, lesquels aussi tost exerçant
sur luy vne puissance plaine de tyrannie, ordonnerét que ce cheual
ambitieux, qui par vanité porte
en ses armes le siege de l'Estat, &
se vante qu'il ne peut endurer ny
frein, ny selle, seroit mené de six
mois en six mois au marché, &
que les Mareschaux politiques à ce
commis & deputez, feroient vne
exacte recherche de son estat, & de
sa disposition, pour luy ordonner
ce qu'ils iugeroient necessaire, afin
de bien mortifier ce farouche animal, qui de son naturel est si in-
constant & seditieux, que bien
souuent il a mieux aimé estre en
vn mesme temps monté par deux
Roys que par vn seul. Suiuant çe-
ste ordonnance, ce mal-heureux
cheual fut hier tiré de l'escurie par

les Espagnols qui l'ont en garde, &
pource qu'il est en si mauuais estat
qu'il ne le peut soustenir qu'auec
beaucoup de peine, il fut traisné
en la place auec des cordes. C'e-
stoit vne chose miserable que do
le voir; car au lieu qu'autresfois il
estoit plain de courage, il est maintenant si descharné & si maigre,
qu'on luy void les os, & il a esté
tellement mal traitté, qu'il a le ventre tout couuert de playes, & tous
les nazeaux couppez: toutesfois les
Espagnols luy mettent nuict &
iour les entraues aux pieds, le ca-
ueçon, le canon, & les lunettes,
comme s'ils auoient peur de luy,
& s'ils estoient en danger de receuoir quelque disgrace. Ces mareschaux aduisez, considererent auec
beaucoup de diligence l'estat de

ce cheual, & apres de longues dif-
putes conclurent que dorefnauant
le ratelier luy feroit hauffé d'vn
pied plus que d'ordinaire,& qu'on
luy diminueroit du tiers les mefu-
res de fon auoine. Lors que cefte
feuere refolution fut prife, quelques Philofophes fe trouuerent
en l'affemblee, lefquels voyans ce
pauure cheual fi abbatu en eurent
pitié, & s'informerent de ces Marefchaux pourquoy ils diminuoiét
l'ordinaire de ceft animal, puis
qu'ils voyoient que la foibleffe l'a-
uoit reduit en tel eftat, qu'il ne luy
reftoit que la peau & les os, & vn
peu de courage qui luy pouuoit
feulement conferuer la vie pour
quelques iours. Alors le plus fage
de ces Marefchaux fe retournant
deuers ces Philofophes, leur dift

auec des paroles vn peu inciuiles,
qu'ils feroient mieux de parler de
leur meftier, que de difcourir de
ces matieres Politiques, aufquel-
les ils n'entendoient rien. Que fi le
gouuernement de cet animal plain
de caprices eftoit tóbé entre leurs
mains, leur charité & leur douceur
auroient pour recompenfe des
coups de pieds & de dents : qu'il
auoit autresfois fait paroiftre ce
mauuais naturel & cefte ingratitude enuers fes Roys, bien qu'ils
fuffent plains de bonté & de liberalité, & que c'eftoit les effects
de fon inconftance, d'exciter toutes fortes de feditions pour trauailler fes vrays & naturels Seigneurs,
bien qu'ils fuffent fes bien-fai-
cteurs, s'ils ne le traittoïent auec
rigueur ; & fi par le retranchement

de ſon ordinaire ils ne le reduiſoient en la foibleſſe où ils le voyoient; & que pour faire vn bon iugement des qualitez de ce fier cheual, & de la regle qu'on deuoit tenir pour le gouuerner, il ne falloit pas prendre garde s'il eſtoit maigre, & s'il auoit les iambes foibles, mais ſeulement conſiderer ſon mauuais genie qui le rendoit, quoy qu'il fuſt en ſi mauuais eſtat, plus bizarre, plus ſeditieux, plain de caprices, & deſireux de nouueautez, qu'il ne fuſt iamais. Et ces Mareſchaux adiouſterent que ce ſeroit vn grand malheur aux Eſpagnols, ſi le fort & courageux cheual Neapolitain auoit le moyé de leur faire autant de mal qu'il en conçoit tous les iours contre eux, & que ſa fantaiſie touſiours enne-

mie du gouuernement preſent luy
en propoſe; & en ſomme que le
monde pouuoit facilement reco-
gnoiſtre que les Neapolitains me-
ritoient bien le mal qu'ils endu-
roiét, & qu'on n'en deuoit accuſer
ny la cruauté Eſpagnole, ny l'imprudence des Roys d'Eſpagne, ny
l'auarice de leurs Miniſtres; parce
que c'eſt charité de tenter toutes
ſortes de moyens pour oſter la
commodité de faire mal à ceux qui
par la douceur n'ont iamais voulu
apprendre à bien faire, & que tout
le monde eſtoit obligé de confeſſer que le meilleur remede dont on
pouuoit vſer pour guerir le chancre des ſeditieux eſprits Neapolitains, eſtoit de ſe ſeruir de l'onguent corroſif de l'exceds de la ſeuerité Eſpagnole.

A iiij

*Gennes s'excuse à Parnasse, de
la hantise qu'elle a auec les
Espagnols, & dit que dans
la priuauté qu'elle a auec eux,
elle conserue sa liberté.*

CHAP. II.

L y a long temps que
la Serenissime liberté
de Gennes n'est plus
receuë à l'entretien &
à la conseruation de
la noble Republique de Venise,
& des autres chastes Estats libres
d'Italie, & de delà la mer; car encores que par le passé elle ait vescu
à Parnasse auec grande reputation

d'vne pudicité parfaite, toutesfois
en ces derniers temps elle a beaucoup descheu de son credit, à cause de la trop familiere conuersa-
tion qu'elle a eu auec la nation Espagnole , laquelle elle a accom-
modé non seulement du meilleur
quartier de son logis, mais aussi de
ses armes, & de sa puissançe. Ces
desordres qui sont estimez de tres-
grande importance , quand ils
tombent en vne Dame de ceste
qualité, ont donné subiect à beaucoup de monde de se donner la liberté de la blasmer, de ce qu'elle
s'est trop fiee à des personnes qui
ont du dessein sur sa chasteté: mesmes chacun dit tout haut qu'elle a
permis aux Espagnols des choses
salles & villaines, & que son honneur y est beaucoup engagé; & ce

qui faict murmurer, est le desir
qu'elle a d'auoir des pistolles d'Espagne. Souhait autât indigne d'v-
ne fille d'honneur, qu'il est naturel à vne vile & infame courtisan-
ne : d'où vient que ceste noble
Princesse est deuenuë laide & dif-
forme en toutes les parties de son
corps, au lieu qu'auant qu'elle fust
entree en ceste pernicieuse intelligence, elle estoit du nombre des
plus gentilles & belles Republiques qui viuent en liberté : & ses
principales difformitez sont que le
nez des Dories luy a creu de quatre
doigts, & la iambe droite des Espagnols de demy pied. Et ne luy
nuisent pas moins les discours qui
se font dans les places publiques,
que ses subiects sont macquereaux
des Espagnols, & qu'ils les seruent

en des villenies non seulemẽt indignes d'estre publiees, mais mesmes d'estre imaginees; & y en a qui
vont si auant, qu'ils asseurent que
les Roys d'Espagne l'ont priee de
son deshonneur, & que pour s'es-
claircir s'ils pouuoient tirer courtoisie d'elle, ils ont employé vn de
leurs Ministres que l'on a nommé
en Italie Pietro Euzo, & qui est
Gusman Comte de Fuétes, par les
mains duquel ils luy ont fait pre-
séter depuis peu de iours vne lettre
d'amour en forme d'excitatió, qui
contient (comme l'on dit) des choses exorbitantes qui touchent viuement son honneur, dont on a
eu la cognoissance par le moyen
de la protection, & de l'affection
que les Espagnols tesmoignent
auoir pour ceste Serenissime Da-

me, laquelle en effect ne tient rien
de l'amour Platonic , mais eſt
vne pure conuoitiſe de la dominer, comme tout Parnaſſe eſt bien
informé. Mais la liberté de Gennes qui eſt extremement ialouſe de
ſon honneur , ayant receu ceſte
lettre plaine de preſomption, mit
la main ſur l'vne de ſes mules, & en
donna ſur la iouë au porteur, &
apres teſmoigna par ſes paroles vn
tel reſſentiment contre l'effronté
qui la luy auoit enuoyee , & vne
volonté ſi diſpoſee d'en venir aux
effects quand il en ſeroit beſoin,
qu'elle a recouuré en l'opinion de
tout le monde, la reputation qu'elle auoit auparauant perduë. Et ceſte libre Republique, pour informer au vray tout le monde de ſes
honneſtes actions & chaſtes pen-

ſees, a depeſché ſes Ambaſſadeurs
deuers tous les Potentats de l'Europe, pour les aſſeurer que la grande priuauté qu'elle a eu auec la nation Eſpagnole , non ſeulement
luy eſt honorable, & vtile à ſes Citoyens , mais extrememenct neceſ-
ſaire à la liberté d'Italie, auec laquelle tous ſes intereſts ſont auſſi
conioincts que ceux de tous les
autres Potentats qui y commandent : Parce que par le moyen de
la graiſſe des changes & rechanges , & des vſures exceſſiues qu'elle tire, elle a touſiours tenu par le
paſſé & tient encores à preſent la
nation Eſpagnole ſon ennemie, ſi
opprimee, qu'auec ces armes là,
elle leur fait vne guerre plus cruelle
que les Holandois & Zelandois
ne font auec leurs armees.

La Monarchie d'Espagne se plainct de ce que ses meschancetez sont descouuertes.

CHAP. III.

O N ne sçait si le feu qui prist il y a quelques annees au Palais Royal de la Monarchie de France, fust allumé par hazard, ou par la malice des François, ou par les conspirations de ceste nation, qui a conceu vne si forte haine contre la France: Mais la flamme en fut si grande, & l'embrasement si espouuentable, que les Monarchies voisines eurent apprehension que ce

feu ne se peust esteindre que par la
ruine de leurs Estats, & l'interest
particulier obligea chacune d'entr'elles de trauailler à en arrester le
cours ; & bien que les Anglois
soient naturels ennemis des François, ils eurent neantmoins le soin
d'y apporter l'eauë de leur Tamise,
comme les Allemans celles de la
Meuse, & du Rhein, les Venitiens
vuiderent quasi tous leurs canaux,
& les grands Ducs de Toscane se
hasterent d'employer leurs armes
pour esteindre ce feu, que les
hommes iudicieux & aduisez pre-
uoyoient deuoir causer vn embrasement vniuersel ; & ce fust chose
admirable, de voir que la Monarchie mesme d'Espagne, reputee si
grande ennemie des François,
trauailloit auec les amis de la Cou-

ronne de France a esteindre ce feu,
auquel on disoit communement
qu'elle se plaisoit de se chauffer, &
n'y eust personne qui ne s'eston-
nast de ce qu'auec vn soin & vne
charité qui ne se peut exprimer, elle
y portoit les eaües du Tage & de
Lebre, & mesmes celles du grand
Occean, à qui elle commande ab-
soluëment, quand les Holandois
& les Anglois luy en donnent la
permission. Toutesfois les Politiques interpretans en mauuaise
part la charité des Espagnols, disoient publiquement que c'estoit
vn mauuais conseil que d'appeller
les Espagnols au secours des François, parce qu'estans ennemis ca-
pitaux de la France, on les deuoit
plustost estimer autheurs de sa ruine que desireux de sa grandeur;
                              d'autant

dautant que comme ils reglent les
les conseils & les actions des Princes par la loy de l'interest particulier, ils en bannissent le plus souuent la pieté enuers Dieu, & la
charité enuers les hommes. Mais
ces Politiques attirerent sur eux la
haine de tout le monde, quand on
vist que les Espagnols auoiét plus
de charité & de vigilance que les
plus grands amis des François,
pour ietter de l'eau dans le feu qui
les consumoit. Et ce qui donna de
l'estonnement, & acquist de la reputation à la Monarchie d'Espagne aupres des foibles esprits, fut
que l'on vist qu'elle preferoit le salut des François à la conseruation
de la Flandre, & de l'Autriche son
ancien patrimoine, qui estoit aussi
affligé des violences de la guerre:

mais parce qu'on recogneut que
par trauail humain on ne pouuoit
esteindre la moindre estincelle
d'vn feu si espouuentable, & que
les flammes des guerres ciuiles
estoient si violentes qu'elles s'ai-
grissoient contre les remedes. Les
plus simples commencerent à pre-
ster l'oreille aux discours de ces Politiques, & soupçonnerent que la
charité des Espagnols estoit con-
iointe auec leur profit : C'est pourquoy ils prirent resolution de ne
plus croire aux apparences:& pour
cest effect ayant regardé quelle
matiere les Espagnols apportoient
dans leurs barils, ils trouuerent
qu'au lieu de donner de l'eau pour
esteindre le feu, ils les emplissoient
de poix, d'huile, de therebentine,
& de dissentions diaboliques pour

l'augmenter, & mesmes ils apprirent que quelques Seigneurs François vsoient de mesme trahison, & qu'encores qu'ils fiffent profeffion d'auoir plus de charité que les autres, ils mettoient en œuure la matiere qui estoit dans ces barils, laquelle les Espagnols leur auoient prestee: dequoy la Monarchie de France estant iustement offencee, elle fit incontinent iustice de ces traistres, les faisant tuer & deuorer par le feu, que leur infidelité leur faisoit nourrir dans le pays ; & pour les Espagnols elle les fit chasser & proclamer à son de trompe, comme hypocrites : & la Monarchie Françoise par Edict particulier, fit sçauoir à tout le monde que si à l'aduenir il se trouuoit quelqu'vn qui creust que l'esprit

des Espagnols peust conceuoir
aucune forte de charité, & bonne
volonté pour les François, on le
deuoit tenir pour simple & idiot,
& que si apres la premiere admo-
nition il demeuroit en son erreur,
il meritoit d'estre berné comme
meschant & seditieux. Ce fut vne
merueille de voir que les Espagnols, & ces traistres François
ayant cessé de trauailler à esteindre
ce feu, l'embrasement de la France cessa de soy-mesme, encores que
les plus iudicieux asseurassent qu'il
ne pouuoit estre esteint par trauail
humain. Et ainsi les tant renommez & immortels Lis d'or, apres
auoir esté si long temps foulez aux
pieds, se releuerent plus beaux &
plus fleuris qu'auparauant : & la
Frâce, qui par l'excessiue ambition

de plusieurs personnes auoit esté
si cruellement affligee par l'espace
de plus de quarante ans, deuint
paisible en vn clein d'œil; ce qui
fit cognoistre à tout le monde,
que les Espagnols auoient esté les
premiers autheurs de cest embrasement, bien que soubs les pretextes specieux de Religion & de charité, ils se soient efforcez de persuader à vn chacun, que leur vray dessein estoit de l'esteindre. On dit
qu'apres ce coup la Monarchie
d'Espagne se retira en son Palais,
sans permettre que personne la
vist, & que se laissant aller à vne
profonde melancolie, elle ad-
uoüoit librement qu'elle aimeroit
mieux auoir perdu deux de ses
meilleurs Royaumes, que de voir
le mespris & la risee que lon faisoit

des ſainⱴs pretextes, auec leſquels
elle ſe ſouuenoit d'auoir pluſieurs
fois vendu auec grand proffit pour
muſq, ciuette & ambre gris, les
choſes les plus puantes ; luy ſem-
blant qu'elle auoit perdu les mines
d'or & d'argent du Perou, & de
tout le nouueau móde, puiſqu'elle n'auoit plus le moyen de monſtrer aux ſimples le blanc pour le
noir, & qu'elle ſe voyoit reduite à
la neceſſité d'acquerir les Royaumes à la pointe de l'eſpee, comme
les François, là où auparauant elle
auoit excité vn embraſement vni-
uerſel ſans autres armes, que celles
des apparences de ſes ſainⱴes intentions ; & par deſſus tout elle ſe
plaignoit de ce que tous les peuples auoient ſi mauuaiſe opinion
d'elle, qu'elle eſtoit en danger de

n'eſtre pas ſeulement creuë à l'aduenir quand elle diroit la verité, au
lieu qu'autrefois on adiouſtoit foy
entierement à ſes diſſimulations,
& à ſon hypocriſie.

La Monarchie d'Eſpagne arri-
ue à Parnaſſe ; elle ſupplie
Apollon qu'il luy faſſe fer-
mer ſon cauthere, ce qui luy
eſt refuſé par les Medecins
Politiques.

CHAP. IV.

ENCORES qu'Appollon,
& le Conſiſtoire des Do-
ctes, tenu dans la Royale
ſalle de l'Audience, en la preſence

des Muses, euſt ordonné que la
Sereniſſime Monarchie d'Eſpagne, qui eſt arriuee en ceſte Cour
y a quatre mois, feroit ſon entree
ſolemnelle, & que ce decret euſt
eſté fait dés le temps de ſon arriuee,
neantmoins il n'a eſté executé que
depuis deux iours, parce qu'elle eſt
demeuree quatre mois à s'accordei
auec les Princes des Poëtes, des
tiltres qu'elle doit donner & receuoir de chacun, & de la façon
qu'elle doit eſtre viſitee, & receuë
aux viſites qu'elle eſt obligee de
faire. Ceſte vanité a infiniment affligé tous les vertueux de ceſte
Cour; mais ce qui a augmenté
leur deſplaiſir, eſt que pluſieurs
Princes des lettres ont dit à cœur
ouuert, qu'il leur ſemble plus à
propos de fuir les approches des

Espagnols, que de receuoir leurs visites, parce qu'ils ont receu des aduis d'Italie, qui les aduertissent de se tenir sur leurs gardes, & de se deffier de leur amitié, & qu'ils ont vne cognoissance particuliere que les Espagnols offencent plustost ceux qu'ils visitent, qu'ils ne les honnorent. Et bien que ceste puissante Monarchie ait fait naistre de l'estonnement en l'esprit d'vn chacun, en se monstrant plus retenuë à donner des tiltres, que des escus d'or ; toutesfois les Princes des Poëtes, & tous les Potentats vertueux, qui regardent plus la substance des choses, que la vanité de ces tiltres & qualitez, luy ont donné tout le contétemét qu'elle pouuoit desirer : Neantmoins il est veritable que ceste grande Reyne a

perdu en ceſte Cour beaucoup de
ſa reputation, quand on a veu
qu'encores qu'elle ait beſoin de
faire des amis, elle teſmoigne
auoir de l'inclination à d'eſobliger
& aliener les volontez des perſonnes qui ne deſirent d'elle autre ſa-
tisfaction que de paroles: & chacun a remarqué auec eſtonnement, que le Maiſtre des ceremonies l'ayant aduertie que la grauité
qu'elle garde en toutes ſes actions,
eſt odieuſe, reſſent ſon barbare, &
eſt indigne d'vne ſi grande Dame.
Elle a reſpódu tout en colere, qu'il
eſtoit vn ignorant auec toutes ſes
ceremonies, puis qu'il teſmoignoit
qu'il ne ſçauoit pas qu'vn Prince
ſans grauité reſſemble à vn Paon
ſans queuë. Il eſt impoſſible d'exprimer le deſir que les Princes des

Lettres auoient de voir ceſte pro-
meſſe ; car de tous les coſtez il eſt
venu du monde à la Cour d'Apollon, pour voir en face ceſte puiſſante Reyne, laquelle par vne mer-
ueilleuſe ſuite de bon-heur, a vny
en peu de temps à ſa couronne, de
tres - grands Royaumes , & en a
formé vn Empire ſi redoutable,
qu'il n'y a point de Prince dans l'V-
niuers qui ne ſoit entré en ſoupç-
çon de ſa puiſſance, & n'ait pris les
armes pour s'oppoſer à ſa grandeur. Ceſte Reyne aſliſtee d'vne
groſſe armee, arriua heureuſement
ces iours paſſez à l'Iſle de Leſbo, &
Madame la Sereniſlime Republique de Gennes l'accommoda gra-
tuitement de ſon port, bien que
par vn ancien priuilege la famille
des Dories leue vn gros impoſt ſur

tout ce qui y aborde. La Monarchie d'Espagne est ieune en comparaison de celle de France, &
d'Angleterre, & des autres vieilles
Monarchies de l'Europe; mais elle
les surpasse toutes en grandeur de
corps, & est d'vne hauteur desme-
suree, veu le peu d'aage qu'elle a:
ce qui fait iuger que si elle conti-
nuoit à croistre iusques en l'aage
auquel les corps humains cessent
de prendre accroissement, elle de-
uiendroit si grande, qu'elle attein-
droit à la hauteur des Monarchies
vniuerselles, à laquelle paruint celle de Rome: Mais les euenemens
des affaires d'Estat, font croire as-
seurement qu'elle ne deuiendra
pas plus grande, & que dés sa ieu-
nesse elle est paruenuë à la hauteur
que la longueur du temps luy pou-

uoit donner, parce qu'à prefent
elle a plus de peine à croiftre d'vn
demy doigt, qu'autresfois elle n'en
auoit à croiftre de deux pieds. Cefte puiffante Dame a le tein fi noir,
qu'elle tire fur le more ; & c'eft
pourquoy fes mœurs font pluftoft
fuperbes que graues, & fes actions
ont plus de cruauté que de fcueri-
té, & fon ame n'ayant iamais peu
eftre portee à exercer la clemence,
qui eft vne vertu neceffaire aux
Princes : Beaucoup de monde a
creu que ce deffaut a efté vn puif-
fant obftacle à l'eftabliffement de
fa grandeur, car elle fait gloire de
de fçauoir bien coupper le fom-
met des pauots qui paffent les autres en hauteur dans les iardins de
fes Eftats, & de furpaffer en cela ce
grand Tarquin, que lon dit eftre

le premier qui a trouué ce secret.
Or comme son inclination la porte à ne point pardonner, elle ne se
dispose pas facilement à faire grace
à personne, & si elle donne des
graces, c'est auec tant de faste,
que ceux qui les reçoiuent n'en
sont pas beaucoup satisfaits : toutesfois en apparence elle est pleine
de courtoisie & de ciuilité, mais
ceux qui penetrent & portét leurs
yeux dans le profond de son cœur,
n'y voyent que de l'arrogance, de
l'auarice & de la cruauté, & ceux qui
ont pratiqué long temps auec elle,
disent qu'il n'y a point de Princesse
de qui on reçoiue de plus douces
paroles, & de plus rudes effects,
dont il arriue que quand elle a gaigné les hommes soubs pretexte
d'amitié, elle se sert de sa puissance

pour les eftonner, & leur monftrer
qu'elle eft leur Maiftreffe;elle a des
mains defmefurement longues,
lefquelles elle eftend partout où
elle peut, fans diftinguer fes amis
d'auec fes ennemis, & les eftrangers d'auec fes parens ; & elle a des
ongles d'harpies qui ne laiffent iamais aller ce qu'elles ont vne fois
attrape ; elle a des yeux noirs qui
ont la veuë extremement aiguë &
perçante, & dautant qu'elle eft
louche, il aduient quelquesfois
qu'elle regarde fixement deux chofes differentes en vn mefme temps.
De fait ces annees dernieres ayant
la face tournee deuers Alger, fans
que perfonne s'en apperceuft, elle
regardoit fixement Marfeille, les
mouuemens de fes yeux font re-
cognoiftre l'auidité de fon cœur;

car aussitost qu'elle a veu vne chose, elle desire la posseder: & c'est
pourquoy les iudicieux disent que
ceste Reyne brusle d'enuie d'vsurper le bien d'autruy, & qu'elle n'a
iamais faict amitié auec personne,
qu'elle n'ait en peu de temps assub-
ietty à son Empire par ses artifices:
ainsi quand on considere qu'elle
traicte esgallement ses amis & ses
suiets, & qu'elle veut que les vns &
les autres luy rédent le deuoir d'v-
ne entiere seruitude. Le iugement
que le monde faict d'elle est, qu'elle est plus propre à commander à
des esclaues, qu'à des hommes libres; elle tient tellement d'elle, &
est tant attachee au poinct d'honneur, qu'elle ne veut pas se donner
la peine d'aller au deuant des bonnes occasions, mais elle attend
                              qu'elles

qu'elles la viennent trouuer chez elle, comme elles y sont venuës beaucoup de fois. Il n'y a iamais eu de Princesse, & n'y en a point encores, qui sçache si bien se seruir de ses draps d'or, & de ses tresors, pour couurir ses meschans & pernicieux desseins, & quoy que tous les iours elle fasse des actions assez mauuaises, toutesfois elle ne fait sonner rien si haut que sa conscience. De là vient que les François qui ont esté si souuent trompez par l'appareéce de ses specieux pretextes, ont en fin appris à leurs despens, à prendre les armes quand ils voyent qu'elle se mesle des affaires d'autruy, soubs ombre de Religion & de charité enuers son prochain: elle sçait si bien monter à cheual, qu'elle a heureusement

C

dompté les genereux Courfiers de
Naples, & a vaincu les caprices des
Mules d'Eſpagne, qui de leur naturel ſont extrememement vicieuſes.
Il n'y a point de Reyne qui ſoit
ſoupçonneuſe comme elle , car
hors ſa nation, elle a de la deffiance de toutes celles qui luy ſont ſub-
iectes, encores qu'en toutes les occaſions elles luy ayent teſmoigné
leur fidelité, & ce deffaut, au iugement des meilleurs eſprits , l'empeſche de deuenir plus puiſſante
qu'elle n'eſt, & les Politiques at-
tribuent à tres-grande folie l'opinion qu'elle a, que la crainte de ſes
mauuais traictements puiſſe con-
traindre les hommes à l'adorer:
toutefois ſes odieux deportemens
n'empeſchent pas qu'elle n'entrei-
ne beaucoup de monde à ſon ſer-

uice, parce que la quantité de ses
tresors est l'aymant qui attire les
esprits de ceux qui sont plus obligez de la hayr, que de la rechercher: elle a de la vigilance dans les
affaires de peu d'importance, &
lon a remarqué qu'elle s'est laissee
tromper au maniement de celles
qui sont de plus grande conse-
quence, plus qu'aucune autre
Princesse; elle tesmoigne vn bon
sens, & vne prudence admirable
aux resolutions des grādes affaires,
mais il y en a peu qui luy reüssis-
sent à cause des longueurs qu'elle
y apporte; car cependant les affaires du monde venant à changer de
face, les deliberations les plus iu-
dicieuses, bien souuent prennent
mauuaise fin, & ces longueurs
procedent ou d'vne paresse qui

luy eſt naturelle, ou de l'auarice de
ſes Miniſtres qui marchandent
tout, ou de la creance qu'elle a
que pour donner du poids, & de
l'authorité à vne deliberation, il
faut qu'elle ſoit longuement at-
tenduë. C'eſt pourquoy chacun
croit qu'elle eſt plus capable de
former vne faction, & nourrir
vne intelligence, que de faire la
guerre : car encores qu'elle ſoit
pleine de conſtance, & qu'elle ſup-
porte toutes les incommoditez de
la guerre auec vne grande patience, neantmoins elle ne peut faire
de grands effects par les armes,
parce qu'elle n'a pas aſſez de reſolution, & que la circonſpection
qu'elle apporte en toutes ſes actiós
eſt vne marque de ſa timidité.
D'où vient qu'elle eſt plus propre

à conseruer ses Estats, qu'à en acquerir d'autres : & plusieurs personnes bien sensees se mocquent
d'elle, de ce qu'elle ne veut entreprendre aucunes affaires sans en
auoir meurement deliberé, & de
ce qu'elle ne donne rien au sort & à
la fortune, qui a acquis tant de
gloire & de reputation aux François, quand ils ont executé leurs
desseins auec beaucoup de courage, & peu de iugement. Et quelques-vns estiment que ceste Princesse regle ainsi ses actions, dautant qu'elle n'a pas moins d'enuie
de conseruer son sang, que de res-
pandre celuy d'autruy: ce qui don-
de occasion de rire aux hommes de
guerre, & aux grands Capitaines,
voyans que sans mettre la main à
l'espee, elle espere d'acquerir l'Em-

pire de l'Vniuers, & la verſion
qu'elle a des combats, luy vient
d'vne longue habitude; car ayant
accouſtumé d'eſtendre ſa domination par ſes alliances, elle ne peut
gouſter la couſtume des François
de ſe rendre maiſtres des terres de
leurs voiſins, au prix de leur propre ſang. Donc ceſte grande Reyne ſe ſeruant plus de la fineſſe, que
de la valeur, elle fait plus de mal à
ſes ennemis en paix, qu'en guerre:
c'eſt pourquoy les Fraçois qui ont
veſcu auec elle iuſques à preſent
auec vne extreme confiance, ayans
apres vne ſi longue ſuite de malheurs, fait la paix auec les Eſpagnols, ont en fin apris à employer
tout ce qu'ils ont de vigiláce pour
auoir les yeux touſiours ouuerts
deſſus eux. Ceſte Princeſſe eſt pro-

digue de ſes richeſſes, & tellement
conuoiteuſe du bien d'autruy, que
elle ne ſe ſoucie pas de ruiner ſes
Eſtats, pourueu qu'elle en vſurpe
d'autres : ſes penſees ſont ſi pro-
fondes, & ſes deſſeins ſi cachez,
qu'il n'y a perſonne au monde qui
les puiſſe cognoiſtre, & les yeux du
Linx, quoy qu'ils ſoient bien ai-
gus, n'ont pas aſſez de force pour
luy penetrer la peau, ou au contraire, ceux qui ont la plus mauuaiſe veuë, peuuent deſcouurir ce que
les François, & les autres nations
ont de plus ſecret dans le cœur:
mais pour iuger ſainement du genie, & de l'inclination de ceſte
Dame, il faut croire qu'en tout ce
qu'elle fait, elle monſtre touſiours
au dehors le contraire de ce qu'elle
a en l'eſprit. Et combien que les

vices ausquels elle est subiecte
ostent beaucoup d'esclat & de lumiere à ses vertus, neantmoins la
grandeur de sa fortune luy a acquis
vne telle reputation, que lon donne nom de vertu à tout ce qui vient
d'elle: de sorte qu'il y a des Princes
que lon estime bien sages, qui tiennent à honneur de l'imiter, mesmes
en ses deffauts sa complexion ro-
buste fait iuger que sa vie sera de
longue duree: vne seule chose af-
foiblit les forces d'vn si grand
corps, qui est qu'elle a les membres esloignez les vns des autres,
c'est pourquoy elle fait tous ses efforts pour les rassembler, par le
moyen du secours de la Republique de Gennes, & de l'alliance
qu'elle a auec le Duc de Sauoye.
Mais tout cela luy donne peu d'a-

uantage à cause de la diuersité des interests de ces Potentats. Vne des plus grandes fautes que faict ceste Princesse, est de commettre les grandes charges de ses Estats entre les mains des Espagnols, car ils les exercent auec tant d'arrogance, qu'ils ne sont pas contens d'estre hennorez comme des hommes, mais ils veulent estre adorez comme des Dieux; ce qui a rendu le gouuernement Espagnol odieux aux Italiens, & aux Flamans, & Espagnols mesmes. Et tous ceux qui regardent ceste puissante Reyne, s'estonnent de voir que tout son corps est couuert de sangsues Geneuoises pour la pluspart, & il s'y en trouue de si grasses, qu'elles ressemblent aux anguilles du lac de Marte, & des vallees de Comar-

chio, & on ne sçait à quoy il tient
qu'elle ne s'en deliure, si c'est son
impuissance qui en est cause, ou sa
negligence, ou bien si c'est vne disgrace commune & fatale à tous les
grands Princes, d'estre succez par
ces meschans animaux.

Donc ceste puissante Princesse
s'estant presentee deuant Apollon, elle se fit deslier le bras gauche
par ses Ministres, & le monstrant
nud à Apollon, & à tout le sacré
College des Lettrez, elle leur parla
en ceste sorte, SIRE, ce que vostre Maiesté voit, est ce puant cauthere de la Flandre, que les François, les Allemans, & quelques
Princes Italiens, & ceste meschante renegate d'Outre-mer, m'ont
appliqué il y a si long-temps, à cause du soupçon qu'ils auoient con-

tre moy ; & à la verité ie recognois
que ces Princes auoient iufte fu-
jet d'eftre ialoux de ma puiffance,
lors qu'ils virent la France, apres la
mort du Roy Henry I I. tombee
dans les malheurs qui fuiuent ordinairement les regnes des Roys
pupilles, & qu'ils recogneurent
que ie cherchois les occafions d'entretenir ce Royaume en diuifion
pendant leurs minoritez : mais
maintenant que l'eftat des affaires
a changé, & que ie n'ay point de
honte d'aduoüer que i'ay efté con-
damnee aux defpens, en la guerre
que i'ay faite aux François, & particulierement à ce defchainé Prince de Bearn : Ie fupplie tres-hum-
blement voftre Maiefté, de faire
fermer ce malheureux cauthere,
où par le temps il s'eft amaffé vne

ſi grande quantité d'humeurs, qu'elles y ont formé vn chancre, qui ſans voſtre ſecours, eſt capable de me donner la mort. Quand ie paſſay en Italie, ce ne fut pas mon ambition, ny le deſir de la dominer qui m'en fiſt entreprendre la conqueſte, comme mes ennemis ſuppoſent; i'y fus appellee, ou pluſtoſt tiree par force par les Princes Italiés, leſquels par mon moyen ſe vouloient deliurer de la domination des François: & n'y a perſonne en l'Europe qui ne ſçache que les Eſtats que ie poſſede en Italie, me couſtent plus que ie n'en tire de reuenu, & qu'ils ne ſeruét qu'à m'affoiblir & à m'opprimer. Heureuſe ſeroit ma maiſon d'Eſpagne, ſi ie n'euſſe iamais penſé à la conqueſte de l'Italie, ie l'aurois couuerte

d'argent, & d'or maſſif; ſi ie n'euſſe point preſté l'oreille aux practi-
ques des Italiens, nation double,
pleine de tromperie, qui ne ſe gou-
uerne que par ſon intereſt, & n'eſt
propre qu'à embarquer les hommes ſans biſcuit dans les affaires
dangereuſes, & les abandonner
apres quands ils ſont au milieu des
perils, & qui fait profeſſion ouuerte d'imiter le ſinge, qui tire les
marrons du feu auec la patte du
chat; & ie m'eſtonne infiniment
de ce que l'Italie, qui comme chacun ſçait, s'eſt proſtituee à toutes
les nations eſtrangeres, contre-fait
tellement la chaſte auec moy, que
ſoudain qu'elle me voit remuër,
elle entre en ialouſie, & en appre-
henſion, que ie ne luy vueille oſter
ſa liberté. Et encores que la gran-

deur, à laquelle le Royaume de France eft remonté, tienne en feureté l'Italie, & tous les Princes dót i'ay parlé; neantmoins ie veux encores leur tefmoigner par effect que ie n'ay point de deffein de les offencer, & à cefte fin i'offre de leur donner des oftages pour affeurance de ma parole, pourueu qu'il plaife à voftre Maiefté faire fermer ce malheureux cauthere. La Monarchie d'Efpagne ayant finy fon difcours par le commandement d'Apollon, le cauthere dont elle fe plaignoit fut incontinent vifité par les Medecins Politiques, lefquels apres l'auoir bien confideré, raporterent que la Monarchie Efpagnolle eftant trauaillee d'vne fieure continuë de dominer, elle auoit befoin de ce cauthere, pour

purger les humeurs crasses, qui luy
tombant du Perou en l'estomac,
causoient la soif extreme qui la
tourmentoit, & ces braues & sça-
uans Medecins consideroient que
si ceste Monarchie n'auoit point
ce cauthere, il seroit à craindre que
les pernicieuses humeurs du Perou
ne montassent au cerueau de l'Italie, & ne ruinassent ses principaux
membres qui sont demeurez en liberté, & que la Monarchie d'Espagne ne tombast en l'hydropisie
d'vne Monarchie vniuerselle ; à
quoy ces Medecins dirent que le
cauthere de la Flandre remedioit
fort bien, & partant ils conclurent qu'il falloit le tenir ouuert,
tant que le Perou enuoyroit ses
humeurs à la Monarchie d'Espagne.

Ceſte reſolution luy deſpleut
extremement, c'eſt pourquoy elle
repliqua tout en colere: SIRE,
Puis que par la malice d'autruy, ie
ſuis contrainte de conſommer ma
vie & mes biens, pour donner de
l'onguent à ce chancre, que mes
ennemis appellent cauthere diuer-
ſif; tel n'y penſe pas qui y mettra
des emplaſtres. Les François, les
Anglois, & les Italiens, entendi-
rent bien ce qu'elle vouloit dire, &
ils repliquerent qu'ils ne craignoient rien, parce qu'ils n'en-
uoyoient en Flandre que le rebut,
& la lie de leurs Eſtats, ou au contraire les Eſpagnols y conſom-
moient leurs richeſſes, & y reſpan-
doient leur plus precieux ſang, &
ils adiouſterent, que pour s'aſſeurer contre la redoutable puiſſance
des

des Espagnols, & contre leur ambition qui n'a point de bornes, les François, Anglois, Allemans, & Italiens, estoient obligèz de suiure le conseil de Tacite, vray hypocrite Politic, qui dit qu'il faut chasser la guerre loing de son Estat, & la nourrir par artifice chez les estrangers.

Les Espagnols entreprennent la conqueste de Sabioneda laquelle ne leur reüßit pas.

CHAP. V.

LEs Princes Italiens s'estans seruis des Espagnols, pour chasser les François de Milan, les Espagnols y ont pris vn tel pied,

D

que par aucune force on n'a peu
depuis les en faire fortir. Tous les
Potentats de l'Europe, & particulierement les Princes d'Italie ayans
recogneu que les Efpagnols, apres
auoir mis les Milanois en feruitude, afpiroient à l'Empire de toute
l'Italie, & voulant mettre en affeurance ce qui y refte de liberté, firent vne affemblee, en laquelle ils
refolurent que de vingt-cinq ans
en vingt-cinq ans, Commiffaires
feroient deputez pour mefurer la
chaifne que les Efpagnols font faire pour tenir l'Italie en captiuité.
Or depuis quelques iours cefte
chaifne ayant efté mefuree, elle
s'eft trouuee augmentee de cinq
anneaux, dont le premier a efté
fait à Piombino; le fecond à Final;
le troifiefme à Corregio; le qua-

triefme à Portolungone, & le dernier à Monaco. Comme lon a recogneu par la façon du fer dont
ces cinq anneaux ont efté faicts;
cefte nouueauté a infiniment eftó-
né tous ces Princes, & mefme leur
a mis la honte fur le front, voyans
que par leur imprudence & mauuaife conduite , les Efpagnols
auoient plus augmenté la feruitude de l'Italie pendant la paix, qu'ils
n'euffent peu faire auec quatre armees pendant la guerre: & ces progrez ont fait entrer en vne telle
colere les Princes Italiens contre
les Efpagnols, qu'ils leur ont de-
clairé ouuertement, que s'ils ne
vouloient demeurer dans les termes de l'honnefteté & de la mo-
deftie, au cas que les limes Italiennes ne fuffent pas fuffifantes pour

remettre ceste chaisne en son ancienne mesure, ils employeroient
celle des François; & que si celles-
là n'en estoient encores capables,
ils se seruiroient de celles d'Allemagne, & d'Angleterre, & qu'à toute extremité ils feroient prouision
des limes damasquinees qui se
font en Leuant. Pendant que les
Princes Italiens estoient sur ce different, il arriua vn Courrier qui
venoit d'Italie, auec aduis certain
que les Espagnols faisoient faire
dans Sabioneda encores vn autre
anneau pour adiouster à la chaisne
de leur captiuité. Ceste nouuelle
fut cause que la Serenissime Republique de Venise ouurit son Arse-
nal tant renommé : & pour le mesme subiect tous les Princes Italiens
se firent armer : La Monarchie de

France, comme grande guerriere,
commanda à sa Nobleſſe de monter à cheual : toute l'Allemagne ſe
mit en deuoir de paſſer les Monts:
les armees des Anglois, Holandois,
& Zelandois, s'aduancerent deuers le deſtroit de Gibraltar : Et
comme tout le monde eſtoit en armes, arriua vn autre Courrier, lequel apporta vn aduis qui appaiſa
tous les eſprits, car il dit que veritablement les Eſpagnols auoient
fait tout ce qu'ils auoient peu pour
adiouſter à la chaiſne de l'Italie l'á-
neau de Sabioneda, mais qu'ils
auoient trauaillé inutilement, parce qu'en le voulant ſouder il s'eſtoit
rompu.

Thomas Morus Anglois demande à Apollon quand les heresies cesseront.

CHAP. VI.

THOMAS Morus Anglois, qui fut honoré par Apollon le premier iour qu'il fuſt receu à Parnaſſe, du tiltre de tres-ſçauant, & tres-homme de bien, vit en ceſte Cour extremement affligé, à cauſe des hereſies qui ont cours en ſon pays, & ailleurs, ſe plaignant de ce que ceux qui les ont ſemées, ont eſtouffé la vraye pieté Chreſtienne, & ont mis en vne horrible confuſion les

chofes facrees & profanes. Il a vn
fi grand zéle pour l'Eglife de Dieu,
qu'à mefure qu'il voit croiftre les
diffentions en matiere de Religion, fon affliction augmente auffi; de forte qu'il pleure continuel-
lement le malheur de fon pays, &
la malice des mefchans qui le fe-
duifent. Hier au matin ce grand
perfonnage fe prefenta à Apollon, & le fupplia de luy faire fçauoir quand l'Eglife pourroit voir
la fin des herefies qui la trauaillét,
& que les hommes ont fait naiftre,
ou par ambition d'acquerir , ou
par la crainte de perdre , ou pour
le defir de fe venger.

A quoy Apollon refpondit,
que les herefies cefferoient lors
que les Efpagnols fe contentans
de leur Efpagne, ne donneroient

plus de ialousie à personne, &
qu'en Allemagne la Serenissime
maison d'Austriche borneroit son
ambition dans le Comté Daus-
purgh, qui est son ancien patrimoine, parce que les heresies ayans
commencé par la Ligue que quelques Potentats ont fait contre la
grandeur de la maison d'Austriche,
elle prendroit fin aussi tost qu'elles
auront perdu la cause qui leur a
donné naissance.

*Les Reformez se reuoltent con-
tre leurs Reformateurs.*

CHAP. VII.

IL y a trois iours que ceux qui sont subiets à la nouuelle & rigoureuse reforme qui se fait maintenant à Parnasse, firét vne sedition, & coururét les armes & le feu en la main, au quartier de leurs Reformateurs, en intention de brusler leur logis, & de les enseuelir dedans les flammes. Aussi tost que les Reformateurs en eurent le vent, ils se fortifierent dans leur maison : & incontinent les assiegez, & ceux qui

eſtoient en la ruë, faiſans voller les
vns ſur les autres vne groſſe greſle
de fleſches, commencerent vne
cruelle & ſanglante eſcarmouche;
& la rage de ceux de dehors paſſa
ſi auant, qu'ils eurent la hardieſſe
de mettre le petard à la porte pour
la forcer. Apollon ayant eſté aduerty de ce deſordre, pour empeſcher qu'il n'y arriuaſt du malheur,
y depeſcha promptement la compagnie des Poëtes Prouençaux,
conduite par le grand Ronſard,
François de nation, & luy commanda de faire ſçauoir à ſes mutins
de ſa part, que ſa volonté eſtoit,
que ſoubs peine de perdre l'entrée
des Bibliotheques, & d'eſtre declarez ignorans, ils euſſent à appaiſer la ſedition qu'ils auoient exci-
tee, & à l'aller trouuer pour luy de-

clarer les caufes de leur mefconten-
tement. Auffi toſt qu'ils-fceurent
le commandement qu'Apollon
leur faiſoit, ils y obeïrent, & s'e-
ſtans preſentez deuant luy, il leur
dit, auec vn affez mauuais viſage:
Eſt-ce vous infolens, qui voulez
croupir dans les defordres, & les
abus d'vne vie licentieufe, & qui
trauerfez le deffein de ceux, qui par
vne faincte reforme, vous veulent
faire obferuer la regle que vous
deuez tenir pour bien viure.

SIRE, refpondit l'vn de ces
Reformez, nous recognoiffons
que nos deffauts font grands, que
le nombre en eſt infiny, & qu'ils
meritent d'eſtre corrigez, & tant
s'en faut que nous haïffions les
Reformez & les Reformateurs,
qu'au contraire nous les aimons

infiniment : mais ce qui nous a fait
prendre les armes, est que nous
auons recogneu que la vraye fin
de nos Reformateurs est du tout
differente des pretextes qu'ils
prennent pour establir leur reforme ; car si ceux qui nous veulent
reformer nous tesmoignoient par
effect qu'ils affectionnent nostre
salut, nous nous soufmettrions
aussi librement à la reforme ; que
tout homme d'honneur doit se
porter à l'exercice de la vertu : mais
il y a long-temps que les mauuais
traictemens que nous auons receu,
nous ont appris que ces reformes
n'ont pas esté introduites par charité, & que la fin de leur institution
n'est autre, que de maintenir à nostre confusion, la reputation de
ceux qui nous reforment, lesquels

croyent auoir parfaictement re-
medié aux maux dont le monde
est affligé, par l'apparence de leurs
sainctes intentions; ce qui a tellement scandalisé, tant ceux qui viuent bien, que ceux qui sont subiects à correction, que nous pouuons dire veritablement à vostre
Maiesté, que les reformes d'auiourd'huy difforment pluſtost les
bons, qu'elles ne reforment les
meschans : car est-ce pas vn tres-
mauuais procedé, que de vouloir
conseruer sa reputation aux despens de celle de son compagnon?
est-ce charité que de descouurir
nos deffauts; & par ce moyen nous
faire perdre la bonne opinion auec
laquelle nous auons toufiours vefcu, encores que noſtre vie ne fuſt
pas ſi innocente , & que nos

mœurs n'eussent pas ceste grande pureté dont ces Reformateurs se vantent, que toutes les boëttes de leur boutique sont plaines, que s'ils ont tant de bonne volonté pour nous, qu'ils ne puissent voir vne paille dessus nostre veuë sans nous en aduertir, pourquoy ne tirent-ils point de leurs yeux la grosse poutre qui les aueugle ; Quelle espece de charité, de faire semblant d'auoir pitié du malheur d'autruy, & negliger de remedier à ses propres miseres. Mais ce qui nous touche le plus, c'est que lon commence la reforme par les plus petits, & par les plus abiects de tout ce qu'il y a d'hommes de Lettres à Parnasse, au lieu de s'addresser aux plus grands esprits, qui se font aussi bien qu'eux, laissez aller à la cor-

ruption du fiecle; car voftre Ma-
jefté voit que nous fommes pour la
plufpart Medecins Grammairiens,
& Correcteurs d'Imprimerie, &
que la mifere de noftre condition
nous reduit à viure des conceptiós
que nous allons mandiant des ef-
crits des Poëtes Latins; ce qui eft
caufe que les hommes vertueux
qui font foubs voftre Empire, ont
plus de pitié de nous, qu'il ne nous
portent d'enuie: mais s'il plaift à
voftre Maiefté que nous parlions
felon nos fentimens, & que nous
mettions à part tout refpect & toute feinte, nous luy dirons que ce
qui a introduit la corruption dans
l'Eftat de Parnaffe, eft l'ambition
de Senecque: la vie libertine
de Martial, les larcins d'An-
tonius Gallus, la perfidie d'A-

riſtote, la volupté de Tibulle & Catulle, les maquerelages & les autres impuretez d'Ouide; & parce que ces perſonnages ont grande authorité à cauſe de leur doctrine, il ſemble que les Reformateurs ayent peur de les offencer. Tellement que pour guarir vn corps qui a receu des playes mortelles en tous ſes membres, ils ſe contentent de donner vn appareil aux cals qu'il a aux pieds, & de baigner ſes talons auec de l'eau roſe. C'eſt vne grande cruauté de mettre le fer à vne bleſſure, ſans ſçauoir comme il la faut penſer; & nos Reformateurs tombent en ceſte faute, car encores qu'il y ait vn ſi long temps que les vices ont corrompu les bonnes mœurs, qu'il ſemble que le mal ſoit de noſtre nature, & de

noſtre

noſtre eſſence, & que tous les hommes ſoient naiz boiteux & eſtro-
piez ; neantmoins ces Meſſieurs
s'imaginent qu'ils pourront en
quatre iours faire marcher droict
celuy qui eſt nay boiteux, ou à qui
ceſte incommodité eſt arriuee par
accident. Les hommes ſages & aduiſez tiennent pour maxime, qu'il
vaut mieux diſſimuler les vieux
abus, & les maux qui ſont ſans remede, que de les aigrir en les voulant reformer : car c'eſt choſe de
mauuaiſe exemple, & de dange-
reuſe conſequence, d'aller deſcouurir vn deffaut, dont perſonne
n'auoit cognoiſſance, & publier
vne incommodité qui ne paroiſ-
ſoit pas : ceux qui ont de la charité
guariſſent les maladies auant que
de les deſcouurir; & c'eſt vne mau-

uaiſe action que de deſchirer la re
putation de ſon prochain. Mais
SIRE, le comble de nos affliction
eſt, que ceux qui ſont pleins de ri
cheſſes, propoſent la reforme à
ceux qui meurent de faim : ceux
qui font tous les iours grand
chere, à ceux qui manquét de tou
ce qui leur eſt neceſſaire; & ceux
qui regorgent de moyens, à ceux
qui ont donné du pied aux biens
du monde, aux grandeurs & à
l'ambition : & s'il eſt vray, comme
on ne peut douter, qu'vn Medecin
qui eſt ſubiect à faire des exceds de
bouche, a de la peine à perſuader
à vn malade qu'il faut faire diette,
quel fruict pouuons nous tirer de
ceſte reforme, puis que nous ſça-
uons, & que tout le monde voit,
que nos Reformateurs ont en hor-

reur ceste regle de bien viure, qu'ils
veulent que nous obseruions? Les
petits dressent leurs actions sur
celles des grands, & le bon exemple qu'ils donnent a plus de pouuoir pour porter les hommes à
vne vraye reformation, que toute
autre chose; car le chef estant gua-
ry, tous les membres s'en sentent:
& au contraire, celuy qui pour
chasser la migraine se laue les
pieds, perd son huille & ses vn-
guents. C'est pourquoy afin que
nostre saincte reforme reüslisse au
contentement de tous les gens de
bien, nous supplions tres - hum-
blement vostre Maiesté, de nous
accorder vne grace, qui ne nous
peut estre refusee à toute rigueur;
c'est qu'il nous soit permis de re-
presenter à Messieurs nos Refor-

mateurs, ce que nous trouuerons
à propos, tant pour le bien public,
que pour ce qui regarde leur honneur, & leur reputation, & qu'ils
ayent vne souueraine authorité
dessus nous pour corriger nos vices, à condition qu'en ce que nous
ferons, nous ne passions point les
bornes d'vne saincte affection , &
que de leur costé ils nous rendent
tous les effects d'vne vraye charité:
la reforme prenant vn si bon chemin, produira en nous l'amende-
ment de nostre vie , & l'exercice
des bonnes mœurs. Plusieurs des
assistans trouuerent que celuy qui
auoit parlé, auoit vsé d'vne trop
grande liberté en la presence d'A-
pollon, toutesfois sa Maiesté loüa
sa proposition , & la iugea pleine
d'equité; & s'estant fait mettre en-

tre les mains les memoires que les
Reformez en auoient dreſſez, il
leua l'audience, & apres decerna
vne Commiſſion, par laquelle il
renuoya à ſon Conſeil d'Eſtat la
cognoiſſance de ce different, pour
le iuger ſouuerainement. Apres
que ce procez euſt eſté longuemét
agité de part & d'autre, encores
qu'il y euſt quantité d'aduis pour
les Reformez, neantmoins le iugement paſſa en faueur des Reformateurs. C'eſt pourquoy les Reformez ayans eſté appellez en la
ſalle du Conſeil, Iacques Meno-
chia Preſident de la compagnie,
leur dit tout en colere, Vous auez
eſté ſi impudens que de vouloir reformer ceux qui ſont plus que
vous, & pour voſtre temerité, vous
eſtes declarez criminels de leze

Maiesté: car il faut que vous sçachiez que ceux qui ont droict de
vous reformer, ne sont point subiects à la reforme, & que c'est ren-
uerser l'ordre de la raison ciuile,
que de vouloir faire perdre aux
mousches l'hypotecque speciale
qu'elles ont sur les bœufs maigres:
les hommes sages ne se laissent pas
emporter à leurs caprices, & à leurs
fantaisies, mais se gouuernent selon les regles de la nature, laquelle ayant trouué bon que les gros
poissons mangent les petits, nous
enseigne que leurs reformes sont
faites pour les coquins, & non
pour les personnes de qualité.

Les François demandent le se-
cret de la composition des
gands d'Espagne.

CHAP. VIII.

L y a vne si grande ia-
lousie entre les Fran-
çois, & les Espagnols,
que par vne mutuelle
enuie les vns bruslent
du desir d'acquerir les perfections
que les autres possedent: Et dautant que la composition de l'ambre, & autres bonnes odeurs, desquelles les Espagnols parfument
leurs gands, est vne inuention qui
leur est particuliere. Les François
ont recherché tous les moyens

d'en faire de semblables, & pour
cet effect ont fait prouifion de
mufc, d'ambre, de ciuette, & autres
parfums qui viennent de Leuant,
mais toute leur defpenfe & leur
peine ayant efté inutile, & fe voyás
hors d'efperance de pouuoir faire
reüffir leur deffein , pour dernier
recours ils s'addrefferent à Apollon, & le fupplierent de leur enfei-
gner comme il falloit faire cefte
compofition. Cefte priere donna
plus d'enuie de rire à Apollon, que
ne fit la cheute du malheureux De-
dale. Doncques il commanda à fes
Preftres de fentir de quelle odeur
eftoient les mains des François, &
ayant apris par leur raport qu'elles fentoient bon ; il refpondit aux
François , que quand la nature
auoit donné vn deffaut à quel-

qu'vn, elle le donnoit en recom-
penſe de quelque rare perfection,
& que ſuiuant cela elle auoit donné ſeulement aux Eſpagnols le ſecret de faire des gands de bonne
odeur, parce que leurs mains
eſtoient extrememẽt puantes.

La Monarchie d'Eſpagne va à
l'Oracle de Delphes, pour
ſçauoir ſi elle n'obtiendra ia-
mais la Monarchie de l'Vni-
uers, & elle a mauuaiſe
reſponſe.

CHAP. IX.

HIER matin, deux heures auant
le iour, la Monarchie d'Eſpagne partit ſecrettement de Par-

naſſe dans vn caroſſe tiré de ſix
cheuaux, ayant ſeulement auec elle
quelques-vns de ſes alliez. Cela
dóna de la ialouſie à tous les Princes, & toucha ſi viuement la Monarchie de France, qu'elle prit la
poſte pour la ſuiure, afin de deſcouurir ſon deſſein, elles arriuerent
preſques en meſme temps à Delphes, & la Monarchie d'Eſpagne
s'eſtant preſentee à l'Oracle d'A-
pollon, elle luy fit ceſte demande,
comme lon a ſçeu par ceux qui y
eſtoient preſens. O eternelle &
claire lampe du monde, œil droict
du Ciel, qui auec la lumiere nous
apporte toutes ſortes de biens, tu
ſçais qu'il y a long temps que ie
porte mes penſees à l'Empire de
l'Vniuers, auquel le peuple Romain eſt autresfois paruenu: Tu

sçais combien i'ay respandu de
sang, & quelle profusion i'ay fait
de mes tresors pour en venir là, Tu
cognois combien i'ay veillé, & ce
que i'ay fait par mes artifices pour
executer ce dessein : & tu sçais encores que ie me vis il y a quelque
temps , à la veille d'atteindre au
but de mes desirs, lors que par la
valeur de ma nation, par l'addresse
de mon esprit, & par la puissance
de mes pistolles , i'allumay dedans
la France les guerres ciuiles, aus-
quelles i'auois mis toutes mes es-
perances, il ne me restoit autre
chose que de ioindre Naples à Milan, à quoy si ie puis iamais paruenir, ie pourray bien me vanter d'a-
uoir gagné la partie. Mais puis que
par mon malheur, ou par les difficultez qui s'opposent à vne si gran-

de entreprise, ou par la puiſſance
de ceux qui ſe ſont declarez contre
moy : les troubles que i'auois pendant vn ſi long temps nourry entre les François, nonobſtant ma
reſiſtance, ont pris fin en vn mo-
ment, & ont produit vne paix, le
ſouuenir de laquelle me fait creuer
de deſpit, dautant que ce mauuais ſuccez m'a fait deuenir la fable
de tout le monde, afin de ne point
ceſſer d'accroiſtre la deſolation, &
la miſere que i'ay cauſee à tous mes
peuples, depuis que mon ambition m'a fait conceuoir les deſſeins
que i'ay en l'eſprit : Ie me viens preſenter à voſtre Maieſté, pour la
ſupplier en toute humilité, de me
dire ſi le Ciel a deſtiné que ie poſſede vn iour l'Empire de l'Vniuers;
choſe que ie ſouhaitte auec tant de

passion, que c'est le but où tendent toutes mes actions, & ie desire en estre esclaircie, afin que i'en perde l'esperance si l'entreprise ne me peut reüssir, & que ie prenne courage, & mette le cœur au ventre à mes Espagnols, si i'en puis venir à bout: Car pour parler veritablement à vostre Maiesté, qui a la cognoissance des plus secrettes pensees, i'ay souffert tant de trauerses, & par mer, & par terre, mes ennemis m'ont dressé, & me dressent encore tous les iours tant de parties, & de trahisons, que peu s'en faut que ie n'aye le courage entierement abbatu. La Monarchie d'Espagne ayant fait ceste demande, le Temple se destacha de ses fondemens, la terre trembla, & incontinent le Prestre d'Apollon

prononça ſes paroles. Auſſi toſt
que la nation Italienne aura eſteint
les diuiſions qui l'ont aſſeruie aux
eſtrangers, elle reprendra ſon ancienne grandeur, & poſſedera de
nouueau la Monarchie vniuerſelle. La Monarchie d'Eſpagne ayant
entendu ceſte triſte reſponſe, ſor-
tit du Temple toute en colere, &
demeura bien eſtonnee, quand elle
apperceut la Monarchie de France:
toutesfois apres luy auoir fait les
complimens ordinaires, elle la prit
par la main, & la tirant à l'eſcart,
elle luy deſcouurit ce que l'Oracle
luy auoit reſpondu, & l'aduertit
que puiſque les Dieux vouloient
que la Monarchie vniuerſelle re-
tournaſt de nouüeau aux Italiens,
la France pourroit auſſi toſt rencontrer vn Iule Ceſar, que l'Eſpa-

gne vn second Scipion ; & qu'il luy
sembloit que le meilleur conseil
qu'elles pouuoient prendre pour
asseurer leurs affaires, estoit de par-
tager l'Italie entr'elles ; elle s'offrit
de luy enseigner la recepte dont elle disoit qu'elle auoit heureusement fait l'experience sur les Indes, & l'asseura que par ce moyen
elles reduiroient la nation Italienne en vne telle extremité, qu'il n'en
demeureroit rien au monde que le
nom.

La Monarchie de France respondit à ce discours ; Auant que
nous parlions de ceste affaire, il
faut que la longueur du temps
m'ait fait oublier le malheureux
partage du Royaume de Naples,
que mon Roy Iouys XII. fit auec
vous, car les François ne se laissent

pas offenfer pour la feconde fois fi
facilement que vous vous eftes
imaginez: pour le regard de la recepte que vous me propofez pour
nous affeurer des Italiens, prenez-
là pour vous fi vous la trouuez
bonne. Les François ne peuuent
goufter la maxime d'Eftat que
vous auez pratiquee aux Indes, de
rendre ce monde defert, & chaffer
les habitans des pays que vous
auez conquis: i'ay apris à mes defpens à me contenter de peu, pourueu qu'il foit bon, & c'eft pourquoy ie fonde pluftoft ma puiffance fur le nombre de mes fubiects,
que fur la grandeur de mon Royaume, & pourueu que mes François viuent doucement auec quelques commoditez, ie n'empefche
pas que les eftrangers n'eftabliffent
leur

leur demeure fur les terres de mon obeyſſance : la bonne intelligence des Italiens eſt vne affaire de longue haleine ; & vous ſçauez par experience que les purgations que lon prend pour ſe guarentir d'vne maladie que lon craint, le plus ſouuent la font aduancer. Et ie veux bien vous dire confidemment, ſuiuant l'inclination que i'ay à parler auec franchiſe, que le deſſein de ſe rendre Maiſtre de l'Italie, n'eſt pas ſi facile à executer que vous penſez ; car quand ceſte fantaiſie m'eſt montée en l'eſprit, elle m'a fort mal reüſſi, & ie croy que vous n'en aurez gueres meilleur marché que moy ; car i'ay apris à mes deſpens que les Italiens ne peuuent ſupporter l'empire des eſtrangers, & qu'ils ſont touſiours en diſpoſi-

tion de le mettre en liberté, & bien
que comme des finges fins & rufez, ils s'accommodent aux mœurs
de la nation qui leur commande,
ils gardent neantmoins toufiours
en leur cœur vne haine inueteree
contr'elle, & ils fçauent fi bien def-
guifer leurs affections, qu'ils n'ont
pas fi toft mis vne paire de haut de
chauffe à la Seuilliane, ou vn grand
collet à la Françoife, qu'ils vous
font acroire qu'ils font d'humeur
Efpagnolle, .& nous perfuadent
qu'ils font parfaictement bons
François ; mais quand on en veut
venir à ce qui les touche de plus
pres, ils monftrent les dents : en
quoy ils reffemblent à ces Dames
qui emportent la peau à leurs
amans, à force de leur liffer & po-
lir le vifage, & ne veulent iamais

confentir à ce qu'ils defirent d'elles. Croyez ce que ie vous dis, car
ie ne l'ay que trop experimenté, le
deſſein de fubiuguer l'Italie ne
vous apportera à la fin que de la
honte & du dommage.

Apollon reforme les vertueux de Parnaſſe.

CHAP. X.

Povr empefcher les extrauagances que les Poëtes auec leurs ca-
prices publient tous les iours, Apollon a eſtimé qu'il eſtoit neceſſaire de faire vne reforme vniuerſelle contre tous les ver-
tueux de ſon Eſtat, & particulie-

F ij

rement contre les Poëtes Italiens.
C'eſt pourquoy la grande authorité que la licence Poëtique s'eſtoit
donnee, a eſté reſtrainte aux termes de droict, & Apollon a commandé à tous les vertueux d'entre
les Latins, de iurer, & faire ſerment
entre les mains de Meſſer Donato
Guerino, Archipedagogue de la
Pedanterie, qu'ils obſerueront ſa
Grammaire de poinct en poinct;
& a impoſé de groſſes peines à
ceux qui y contreuiendront ; &
bien que par vn decret general qui
deroge à toutes autres conſtitu-
tions, toutes immunitez, & priuileges, tant anciens que modernes,
ayent eſté reuoquez : toutesfois en
faueur de la ſeconde Partenopé,
les Neapolitains ont obtenu par
grace particuliere , de pouuoir

toufiours coniuguer auec le prete-
rit plus qu'imparfait.

Philippes second, Roy d'Eſpa-
gne, apres vne longue diſpute
ſur ſes qualiteʒ, fait ſon
entree à Parnaſſe.

CHAP. XI.

E puiſſant Roy d'Eſ-
pagne Philippes ſe-
cond, qui eſt arriué à
ceſte Cour il y a deux
mois, eut hier ſeule-
ment permiſſion de faire ſon entree publique & ſolemnelle, & ce
qui a cauſé ce retardement, eſt que
ſur quelques arcs triomphaux que

la nation Espagnolle a dreſſez, on
a trouué ces mots, *Philippo ſecundo*
Hiſpaniarum vtriuſque Siciliæ, &
Indiarum Regi Catholico, Italiæ pa-
cis authori fœliciſsimo : Les Princes
Italiens n'ont pas trouué bon que
le Roy d'Eſpagne priſt le tiltre
d'autheur de la paix d'Italie, & ont
requis que ceſte qualité luy fuſt
rayee, diſans qu'ils ne pouuoient
aduoüer qu'ils fuſſent redeuables
de la paix aux Eſpagnols, par ce
qu'ils l'acheptoient à beaux deniers comptans des Hollandois &
Zelandois. Ce differend a eſté longuement diſputé, & encores que
les Princes Italiens fiſſent bonne
preuue que les Eſpagnols ne deuoient pas ſe donner la gloire de
maintenir la paix en Italie, & que
le Roy d'Eſpagne ne manqueroit

pas de la troubler si les affaires qu'il
a en Flandre ne diuertissoient ses
armes. Ce neantmoins lors que ceste dispute estoit plus eschauffee, la
Reyne d'Italie se seruit de sa prudence pour l'estouffer ; car ayant
assemblé tous ses Princes, elle leur
dit qu'ils deuoient donner quelque chose à la vanité des Espagnols
pour se conseruer auec eux , &
qu'ils ne deuoient point faire difficulté de leur accorder ce qui ne regardoit pas l'interest de l'Estat.
Lon ne vit iamais Prince à Parnasse mieux suiuy que celuy-là , & on
luy donna place entre les Monarques qui se sont plus signalez par
la prudence aux actions de la paix,
que par la valeur aux affaires de la
guerre. Les hommes de Lettres furent estonnez de la deuise qu'il

prenoit, qui estoit vne plume à es-
crire, auec laquelle, au raport des
Historiens, il paroissoit qu'il auoit
fait plus de mal à la France, & aux
autres pays où il en auoit trouué
l'occasion, que l'Empereur Charles le Quint son pere, n'auoit peu
faire auec la plus grande partie des
canons de l'Europe. Le College
des Vertueux estima fort ceste deuise, & fut bien aise que lon co-
gneust qu'vne plume eust fait de
si grands effects entre les mains
d'vn homme qui auoit bien sçeu la
manier. Ce Prince a tousiours esté
traicté à Parnasse à la grandeur, &
les plus grands Monarques de
l'Europe ont tenu à grand honneur de le seruir : de fait le lendemain de son arriuee, ayant voulu se
faire faire le poil, la Reyne d'An-

gleterre luy tint touſiours le bacin
ſoubs la barbe, & le Roy de France Henry quatrieſme, eſtima que
ce luy feroit de la gloire de luy
pouuoir lauer la teſte; ce qu'il fit
auec tant d'addreſſe, qu'il ſembloit
qu'il fuſt nay pour eſtre de ce me-
ſtier, encores que quelques malicieux ayent voulu dire qu'il luy la-
ua la teſte ſans ſauon, & auec vne
leſciue vn peu trop forte. Tous les
Vertueux de Parnaſſe preſenterent
à ce grand Monarque diuers diſcours en Poëſie, & en Proſe, leſquels il receut & recompenſa libe-
ralement; & vn homme de Lettres
luy en ayant preſenté vn, où il luy
monſtroit par quel moyen la noble Parrenopé, & le beau Royaume de Naples, qui maintenant eſt
plein de deſolation, à cauſe des

brigandages des gens de guerre,
des concuſſions des Iuges, des ty-
rannies des Seigneurs, & des Vice-Roys qui y ſont enuoyez d'Eſpagne pour s'engraiſſer, pourroit
reprendre ſon ancienne grandeur, il luy fit donner vingt eſcus d'or, & ayant mis ce diſcours
entre les mains de ſon Confeſ-
ſeur, il luy commanda de le garder, & d'en faire de l'eſtat, comme eſtant ſainct & religieux:
mais vn Politique intelligent des
affaires du monde, luy en ayant
donné vn autre fort long, & tout
contraire au premier, qui luy
monſtroit le moyen qu'il falloit
tenir pour affliger le Royaume de
Naples plus qu'il n'eſt, & pour
le reduire à vne telle extremité,
que ce genereux Cheual, qui auec

peu de bon-heur a eu pour deuise le siege de l'Estat, sans selle &
sans bride, portast patiemment
le bast, & la somme, & mesme
tirast la charruë; il luy fit donner douze mil escus de rente, &
le fit grand d'Espagne; par ce qu'il
dit que ce discours estoit fait suiuant les vrayes maximes de la Politique.

Tous les Princes, les Republiques, & les Estats, sont mis à la balance par Laurens de Medicis.

CHAP. XII.

A Republique Romaine, depuis qu'elle eut mis toute l'Italie soubs ses loix, ayant acquis en peu de téps la Monarchie vniuerselle, à laquelle tant de Princes ambitieux ont depuis aspiré: en vain les Estats, & les Royaumes qui prirent leur naissance de la decadence d'vn si grand Empire, craignant le mesme euenement, disputerent longuement ſi vn Eſtat eſtant monté à vne telle grandeur, que tous les autres ſoient au deſſoubs de luy, & qu'il ne ſe puiſſe trouuer aucun Prince qui ait le pouuoir de luy reſiſter ſeul à ſeul, comme la Republique de Rome n'en trouua plus depuis qu'elle ſe fut renduë maiſtreſſe de toute l'Italie, il eſtoit impoſſible de s'oppoſer à ſa puiſſance, & d'empeſcher qu'il ne paruint à la Monarchie vniuerſelle, ſans auoir recours aux ligues, & aux allian-ces, dont l'experience a fait co-gnoiſtre que les effects ſont petits, & les eſperances vaines & imagi-naires, à cauſe de diuers intereſts des Princes, & des ialouſies qui naiſſent ordinairemét parmy ceux qui ſe ſont liguez enſemble. Ceſte diſpute fut ſuiuie d'vne excellente deliberation ; car ces Royaumes nouuellement establis , prenans exemple sur le malheur d'autruy, rechercherent les moyens d'euiter les calamitez qui estoient arriuees aux Potentats que les Romains auoient vaincus, & pour cest effect ils resolurent sagement , que de quinze ans en quinze ans , tous les Princes de l'Europe s'assemble-roient en vn lieu où leurs forces seroient pesees, & que par forme me de contre-poids, on donneroit vne mortification à celuy que lon trouueroit auoir acquis vne puis-sance qui peust donner de la def-fiance à ses voisins. Plusieurs grãds esprits ont eu la charge de tenir la balance pour peser les forces de tous les Estats en l'assemblee des Princes; mais depuis cent ans, ceste charge a touſiours eſté exercee par la Sereniſſime maiſon de Medicis, & particulierement par le grand Laurens de Medicis, du conſentement de tous les Hiſtoriens, encores que beaucoup eſtimaſſent que ceſte prerogatiue offenſoit la Majeſte des Papes, & la prudence des Venitiens, & que cet honneur leur eſtoit deu auſſi bien qu'à la Republique de Florence, comme n'ayāt pas moins trauaillé qu'elle, à maintenir en eſgalité les forces des Princes, tant dedans que dehors l'Italie. Donc le premier iour d'Aouſt tous les Princes de l'Europe ſe trouuerent à Focide pour voir peſer les Eſtats les vns des autres, afin d'acquerir par ce moyen la vraye cognoiſſance de leurs forces, & de celles de leurs voiſins. On com-

mença par la Monarchie Aristo-
cratique du sainct Siege Apostolique, l'estat temporel de laquelle
ayant esté mis à la balance, on trouua qu'au lieu qu'au dernier poids
qui en fut fait, il ne pesoit que six
millions de liures, au iourd'huy il
monte à sept millions & demy, ce
que chacun a attribué à l'vnion qui
y a esté nouuellement faite du Duché de Ferrare. Cela estant fait on
leua vn rideau, & aussi tost appa-
rut le sacré cousteau à deux tran-
chans, placé entre l'authorité spirituelle & la temporelle, & au milieu des deux puissances, clair comme le Soleil, lequel Dieu a mis entre les mains des Papes, & leur a
enuoyé du Ciel : & parce que le iugement des hommes ne peut bien
estimer vne chose de si grand prix,

au

au lieu de la peſer on ſe contenta
de l'honorer & de l'adorer. Les
ſept Electeurs mirent apres l'Empire Romain à la balance, lequel
peſoit autresfois, comme l'on vit
par les vieux Regiſtres, ſoixante &
dix millions de liures, & maintenant eſt reduit en vn tel eſtat, par
la façon de viure caſaniere, & de-
licieuſe de quelques Empereurs,
qu'il a perdu ceſte robuſte complexion qui le rendoit redoutable
à tout le monde, & eſt tombé en
vne maladie, qui apres vne longue fieure quarte, s'eſt en fin con-
uertie en vne fieure etique, laquelle ne luy a laiſſé que la peau & les
os. Cela toutesfois n'empeſche pas
que la groſſe maſſe de ſon corps ne
faſſe bône mine en apparence. Car
afin que ſes plus grands deffauts

G

ne soyent pas cogneus à tout le
monde, les bonnes gens l'embel-
lissent au dehors de l'ancien tiltre
d'Auguste, & du nom majestueux
de Cesar; mais quand on vint à le
peser, on trouua qu'il estoit tout
vuide au dedans, comme de fait la
plume n'est pas si legere que le
nom d'vn Prince sans authorité est
vain: de sorte que le poids de l'Empire Romain ne monta qu'à quatre cens quatre vingt liures; ce qui
fit rougir de honte les Electeurs
Laïques, dautant que l'on croyoit
qu'ils l'auoient mis par leurs artifices en ce miserable estat, & qu'ils
auoient disposé les villes, & les
Estats dont ils n'auoient peu s'emparer, à se soufleuer contre l'Empire, & se mettre en liberté, afin que
les Empereurs n'eussent pas la puis-

fance de leur oſter par les armes,
ce qu'ils auoient iniuſtement vſurpé. Ainſi l'Empire Romain, autresfois tant redouté, donnoit vn miſerable exemple de la viciſſitude
des choſes du monde, ſe voyant
deſpoüillé de ſes Eſtats par la malice, l'auarice & l'ambition de ſes
ſubiects, & reduit en vne chambre
locande, à ſept eſcus de penſion
par mois, qu'on luy donne pluſtoſt
par aumoſne, que par forme de
tribut, & recognoiſſance de ſu-
periorité; ce qui eſt cauſe que la
Sereniſſime maiſon d'Auſtriche
maintient la dignité Imperiale que
elle poſſede, du reuenu qu'elle a
des grands biens de ſon patrimoine. Et combien que ceſte miſere
fiſt pitié à beaucoup de Princes,
toutesfois il s'en trouuoit d'autres

qui repaſſans par leur memoire les
inſolences des Henrys, les cruautez
des Federics, & les ſeditions, les
impietez & les brigandages que
pluſieurs autres Empereurs auoiét
fait en Italie, diſoient librement
qu'il ne falloit pas attribuer ceſte
calamité aux pilleries des Electeurs,
ny à l'infidelité des peuples d'Allemagne, mais que toutes choſes
bien conſiderees, on trouueroit
que pour conſeruer la paix publique, tous les Princes de l'Europe
auoient prudemment iugé qu'il
eſtoit neceſſaire de couper les grif-
fes, & arracher les principales plu-
mes des aiſles à ceſt Aigle, qui auoit
touſiours fait profeſſion de viure
de rapine, & qui s'eſtoit imaginé
que tous les peuples de l'Europe,
comme pigeonneaux du colom-
bier, luy deuoient ſeruir de proye:

Et plusieurs remarquerent que les
Princes Italiens estoient bien aises
de voir l'Empire Romain en ceste
extremité, se remettans deuant les
yeux combien de fois ils auoient
esté indignement traictez par les
Empereurs lors qu'ils auoient
passé en Italie. L'Empire Romain
ayant esté pesé, les Pairs de France
mirent à la balance la florissante
& la guerriere Monarchie de France, qui est vne machine quarree,
longue de cent cinquante mille
de tous costez : elle est pleine d'v-
ne infinie quantité de Noblesse,
bien armee, & bien à cheual, auec
le secours de laquelle, non seulement elle conserue la paix entre ses
subiects, mais aussi elle se rend redoutable à tous les peuples de l'V-
niuers : elle a grand nombre de gés
d'Eglise qui la rendent saincte &

religieufe ; d'hommes de Lettres
qui l'embelliffent ; de marchandi-
fes & de manufactures qui l'enri-
chiffent ; de labourages qui la font
fertile & abondante : mais ce qui
caufe plus d'eftonnement, eft de
voir que le Royaume de France eft
vne terre qui fe feme, & vne mer
qui fe nauige à tous vents ; l'ancien
poids de cefte belle Monarchie,
eftoit de vingt millions de liures :
& combien que depuis elle ait diminué, & que le dernier poids qui
en a efté fait n'ait monté qu'à douze millions à caufe des diuifions
qui l'ont long-temps affligee par
la defloyauté de fes propres fubiects. Neantmoins à prefent elle eft
en fi bon eftat, qu'elle furpaffe de
beaucoup fon ancienne valeur, &
qu'elle pefe vingt-cinq millions :

ce qui a tellement eſtonné tout le monde, que les Eſpagnols ont voulu prendre leurs lunettes, pour regarder de prés ſi le poids eſtoit iuſte. L'ancien Royaume de France ayant eſté peſé, on a mis en la balance la nouuelle acquiſition de la Breſſe, laquelle a augmenté le poids de plus d'vn million de liures, dautant qu'elle confine la ville de Lyon, & qu'elle luy ſert de flanc & de rampart. Tous les Royaumes d'Eſpagne furent apres mis à la balance par les grands d'Eſpagne, & leur poids monta à vingt millions, non ſans cauſer de l'eſtonnement en l'eſprit des vieillards, qui ſe ſouuenoient qu'il n'y auoit que ſix vingts ans que ces Royaumes eſtoient de fort peu de conſideration. Les Eſpagnols fu-

rent bien contens du poids de
leur Espagne, & se persuaderent
que mettans dans la balance tous
les autres Estats qui leur restoient
à faire peser, ils surpasseroient de
beaucoup le poids de la Monarchie
Françoise. Donc ils mirent incontinent en la balance le Royaume
de Naples , mais au lieu qu'ils
croyoient qu'il augmenteroit le
poids au moins de deux millions,
tout le monde vit qu'il le diminua
d'vn milion & demy : dequoy les
Espagnols estans demeurez tout
estourdis, ils dirent qu'il falloit ou
que Laurens de Medicis eust vsé
de fraude en faisant ce poids , ou
que la balance ne fust pas iuste, ne
pouuans s'imaginer cóme il estoit
possible que l'augmentation du
Royaume de Naples en la balance

fift diminuer les poids des Royaumes d'Espagne : & la colere ef-
chauffant les Espagnols, ils en vin-
rent aux menaces ; difans que les
Medicis ne deuoient pas adiouster
de nouuelles offenfes aux trauerfes
qu'ils leur auoient donné en Flandre, à Marfeille, & à Alger; à quoy
Laurens de Medicis refpondit
froidement que fa balance eftoit
iufte, & que le Royaume de Naples, l'Eftat de Milan, & les Indes
ne pouuoient augmenter le poids
de l'Efpagne, parce que Naples &
Milan font trop efloignez des forces d'Efpagne, & font pleins de
peuples qui ne peuuent fupporter
la domination des eftrangers, &
que pour le regard des Indes elles
font defertes, & n'ont perfonne
qui les habite, & que ce qui fait

augmenter le poids est la quantité
& l'affection des subiects, la ferti-
lité & l'vnion, & contiguité des
Estats les vns auec les autres. Laurens de Medicis touchant apres cela le particulier de Flandre, de Mar-
seille, & d'Alger, tesmoigna son
ressentiment, & dit que lors que
les Espagnols demeureront dans
les termes de l'honesteté, les grâds
Ducs de Toscane les honoreront
& seruiront tousiours; qu'ils s'abu-
soient bien fort s'ils croyoiét auoir
le pouuoir d'oster Florence aux
Medicis, comme ils auoient osté
Milan aux malheureux Sforces,
qu'on ne mettoit pas les Estats en
depost comme l'or & l'argent en
intention de les reperer puis apres,
& que le merite d'vn bien-fait se
perdoit aussi tost qu'on tesmoi-

gnoit auoir deſſein de reprendre la choſe qu'on auoit donnee. Les Princes voyans que Laurens de Medicis, & les Eſpagnols ſe pic-quoient, rompirent ce diſcours, & dirent qu'il falloit continuer à peſer les autres Eſtats ; c'eſt pour-quoy les Eſpagnols mirent à la ba-lance la Duché de Milan, lequel diminua encores le poids des Eſpa-gnes d'vn million; ce qui les eſton-na tellement, qu'ils ne voulurent pas faire peſer la Flandre, de peur de receuoir vn plus grand affront: toutesfois on dit que s'ils euſſent mis les Indes à la balance, ils euſ-ſent fait quelque bon effect, mais non pas tel que certaines gens nous veulent perſuader, qui diſ-courent à pleine bouche des mil-lions d'eſcus, de meſme qu'vn ou-

urier pourroit faire de ſes tuilles,
& de ſa bricque. Apres cela les Anglois mirent le Royaume d'Angleterre à la balance; ce Royaume eſt
d'vne aſſiette admirable, car il eſt
tout enuironné de montagnes qui
luy ſeruent de bouleuards; il eſt au
milieu de l'Occean, & a la commodité d'attaquer ſes voiſins par
la mer, & eſt aſſeuré des entrepriſes
des eſtrangers, à cauſe des difficultez qu'il faut ſurmonter pour y
prendre terre: le dernier poids de
ce Royaume eſtoit de quinze millions, & maintenant il ne monte
pas à neuf millions, & on croit
que ceſte diminution procede non
ſeulement de la malheureuſe apo-
ſtaſie de ce Royaume, mais auſſi de
ce que le Roy eſtant de nation
eſtrangere, & de nouueau venu à

la Couronne, il ne peut se mettre
en selle, & tenir le pied ferme dans
les estrieux de sa nouuelle Seigneurie, que par la longueur du temps.
Alors les Anglois pour augmenter
le poids du Royaume d'Angleterre, voulurent mettre en la balance
le Royaume d'Escosse, mais la Noblesse d'Escosse se presenta les armes en la main pour l'empescher:
disant qu'elle ne pouuoit souffrir
que l'Escosse fust vnie à l'Angleterre. Le Roy d'Angleterre ne s'esmeut en aucune façon contre ceux
qui auoient parlé si librement en la
presence de sa Majesté, & de tous
les autres Princes de l'Europe qui
estoient là presens; mais il les asseura auec des paroles pleines de douceur, que ceste vnion seroit cause
de beaucoup de bien, à quoy les

Escossois repliquerent , qu'ils
auoient encore deuant les yeux
l'exemple deplorable des miseres
de la Flandre , laquelle voyant
ques ses Comtes estoient deuenus
Roys d'Espagne , s'alla imaginer
qu'elle commanderoit aux Espagnols , & au contraire inconti-
nant apres la Flandre fut mise à sac
par les Espagnols : & pour comble
de malheurs , Charles cinquiesme
Empereur , & le Roy Philippes
son fils, qui estoient naturels Flamans, estans deuenus Espagnols,
par le long seiour qu'ils firent en
Espagne , les pauures Flamás apres
auoir perdu leurs Princes , commencerent à estre tenus pour estrá-
gers, & pour personnes dont la
foy est suspecte : & par ce moyen la
Flandre qui estoit le pays de Char-

les cinquiefme , & le patrimoine
du Roy Philippes , fuiuant les maximes de la moderne Politique, fut
diuifee en cinq Eftats , & gouuernee par des Eftrangers, ce qui cau-
fa les ialoufies, les oppreffions,
& les nouuelles impofitions de
gabelles, fubuentions , contribu-
tions , & emprunts , lefquels firent naiftre la guerre ciuile, qui en
fin a afferuy la Flandre à l'auarice,
& à la tyránie des Efpagnols, apres
vne extreme profufion d'or &
d'argent, vne infinie effufion de
fang, fuiuie de la perte entiere de
l'honneur des Flamans,que les mi-
feres qui font arriuees à leurs voifins, leur ont apris à ne point permettre que leurs Roys quittent
l'ancien fiege de leur Eftat, pour
le tranfporter en vn plus grand

Royaume de nouuelle acquisition, dautant que si ce malheur
leur arriuoit que leurs Roys de-
uinssent Anglois, par le moyen de
l'vnion de l'Escosse à l'Angleterre,
les Anglois qui sont les plus cruels
ennemis qu'ils ayent, leur feroient
sentir toutes les calamitez que les
plus puissans ont accoustumé de
faire souffrir à ceux qui ont moins
de force qu'eux, & en ce cas l'Escosse se verroit reduitte aux mesmes extremitez qui oppriment la
Flandre; parce que les Anglois es-
galeroient les Espagnols en orgueil, en cruauté, & en auarice.
On a sçeu par le rapport de ceux
qui estoient presens, que les Espagnols dirent au Roy d'Angleterre,
qu'il deuoit faire punir ces Escossois qui auoient parlé si arrogam-
ment

ment deuant sa Maiesté, mais le
Roy d'Angleterre leur respondit,
qu'ils ne deuoient pas luy donner
vn conseil qui leur auoit si mal
reüssi: & ayant commandé qu'on
laissast l'Escosse sans la peser, il
promit à ses Escossois de leur donner dans peu de temps toute sorte de contentement. On mit apres
en la balance le puissant Empire
des Ottomans, lequel pesa moins
de seize millions, combien que le
dernier poids qui en auoit esté
fait montast à trente deux millions: Ceste diminution estonna
tous les Princes, & principalement les Venitiens, qui ne pouuans croire vn si grand dechet, de-
sirerent qu'il fust pesé pour la seconde fois, plus exactement que la
premiere; ce qui ayant esté fait, on

H

trouua que depuis le premier iuſques au ſecond poids, il eſtoit encores diminué de huict cens vingt
deux liures : en quoy lon recogneut que l'Empire des Ottho-
mans, qui iadis donnoit l'eſpou-
uante à tout le monde, maintenant rongé par le ver du luxe, de
l'auarice, & de l'oiſiueté, couroit
les yeux fermez à ſa ruine : & quoy
que cela donnaſt du contentement à tous les Princes, neantmoins on remarqua que les Eſpagnols en eurent du deſplaiſir, pre-
uoyans que la Republique de Veniſe profiteroit du debris & de la
cheute de cet Empire. Apres que
l'Empire du Turc eut eſté peſé, les
Polonois mirent en la balance le
Royaume de Polongne : mais à
cauſe des hereſies qu'ils y ont laiſ-

sé entrer, du peu d'authorité que le Roy y a, & de la trop grande puissance que les Palatins ont vsur-pee, le poids en fut fort leger, car il ne monta qu'à six millions de liures, là où auparauant il pesoit tousiours plus de douze millions. Incontinent le College des Sages, & le College des dix, mirent en la balance la Republique de Venise, laquelle est paruenuë à la grandeur où on voit qu'elle est môtee par sa prudence, & par l'ad-uantage de sa situation, propre à faire de grandes entreprises, son poids fut de huict millions, ce qu'on attribua à la grande espar-gne que ces sages Senateurs ont faite pendant la paix. Cela fait, les Suisses, les Grisons, & les au-tres peuples libres d'Allemagne, porterent leurs Republiques à la balance, & les Princes ayans defiré qu'elles fuffent toutes pefees feparément, les Allemans le trouuerent bon, pourueu que cela fe peuft faire. Mais Laurens de Medicis, ayant mis en la balance la Republique de Bafle, il trouua que les autres Republiques d'Allemagne eftoient tellement attachees & vnies auec elle, qu'il eftoit impoffible de les feparer; ce qui donna la fieure à beaucoup de Princes ambitieux. Donc Laurens de Medicis ayant efté contraint de pefer toutes ces Republiques enféble, le poids en fut fi fort & fi lourd, qu'il ne peut iamais leuer la balance. Le Duc de Sauoye fe prefenta puis apres, & ayant fait mettre fon Eftat en la balance par fes Cheua-

liers de l'Annonciade, il se trouua
qu'il esgaloit le dernier poids qui
en auoit esté fait ; mais Laurens de
Medicis ayant adiousté à la balance le tiltre d'honneur que le Duc
Charles Emanuel a acquis par sa
valeur, de premier Capitaine d'I-
talie, le poids augmenta d'vn million quatre cens vingt mil liures.
Alors le Duc de Lorraine se mon-
stra auec vne pompe, & vne majesté semblable à celle des Roys ; &
quoy que son Estat soit petit,
neantmoins il esgala le poids des
grands Royaumes, ce qu'on attribua au bon-heur de ce Prince, lequel ayant le pouuoir d'incommoder les Pays-Bas, en empeschant le
secours que les Espagnols y me-
nent d'Italie, a acquis tant d'authorité & de reputation, qu'il

vend à l'encan au plus offrant &
dernier encherisseur, & au poids
de l'or, la commodité du passage
sur ses terres, & il conduit toutes
ses actions auec tant d'artifice,
qu'apres auoir fait pour les Espagnols autant qu'aucun Seigneur
François du party de la saincte Ligue, il a tourné brauement sa iac-
quette, & se mettant du costé des
François lors qu'il a veu qu'ils
auoiét du meilleur, a obligé Henry
le Grand, Roy de France; le grand
Duc de Toscane, & le Duc de Má-
toüe, de rechercher son alliance: &
ce qui a accomply de tout point la
ialousie des Espagnols, est que la
Republique de Venise a pris à la
solde l'vn des Princes de ceste maison, auec tant d'affection, que si
ceste Serenissime Dame n'auoit fait

vœu de perpetuelle chasteté, & si
les Venitiens ialoux de sa pudicité,
ne luy eussent fait coudre les parties naturelles dés le iour qu'elle
nasquit, selon la coustume de quelques Indiens, plusieurs ont creu
qu'elle l'eut pris pour son mary. Le
Duc de Sauoye tesmoigna qu'il
enuioit le bon-heur du Duc de
Lorraine, en ce que son Estat estant
assis entre les François & les Espagnols de Milan, comme celuy
du Lorrain entre les François & les
Espagnols de Flandre, il ne ressen-
toit pas les mesmes effects que luy,
ains au contraire auoit esté mal trai-
té tant par les François alors ses ennemis, que par les Espagnols, encores qu'ils fussent en bonne intelligence auec luy ; & tout le monde
iugea que le Duc de Sauoye auoit

H iiij

bien recogneu que l'amitié des Espagnols ne luy auoit apporté que
du dommage. Le conseil des huict
mit apres en la balance l'Estat des
grands Ducs de Toscane, lequel
est plein d'hommes d'excellent esprit qui ont tousiours trauaillé
pour establir vn bon gouuernement, & pour conseruer la tran-
quilité publique: C'est pourquoy
il pesa autant qu'aucune Monarchie pour grande qu'elle puisse
estre : & alors on remarqua au visage de Laurens de Medicis le contentement qu'il auoit de voir que
ses successeurs auoient basty de
fortes citadelles, suiuant la model-
le qu'en auoit laissé le grand Cos-
me, sur le fondement des Eglises,
& des Hospitaux que ses predecesseurs, & luy, auoient fait dresser,

pendant que la Republique de Florence viuoit en liberté. Incontinent Laurens de Medicis voulant
faire paroiftre la valeur & le merite
des Princes de fa maifon mit en la
balance le cerueau du grand Ferdi-
nand:mais l'effort d'vn poids fi ex-
ceffif rompit la groffe chaifne qui
la tenoit, de forte que tout fe brifa:
ce qui fit cognoiftre à tous les
Princes, que la Cour de Rome a le
priuilege, & la prerogatiue de produire les grands efprits, parce qu'ils
fçauoient tous que Ferdinand y
auoit efté nourry. La balance s'e-
ftant rópue,on ne peut pefer les autres Eftats d'Italie; C'eft pourquoy
il fut refolu, qu'en faifant fuiuant
l'ancienne couftume,le poids de la
Monarchie d'Efpagne, auec tous
les Princes & Potentats d'Italie,

lon regarderoit fur le poids general de tous les Princes Italiens, ce
que chacun d'eux pourroit pefer en
particulier. Donc on apporta au
milieu de la falle vne grande balance en laquelle on mit d'vn cofté
tous les Royaumes de la Monarchie d'Efpagne, & de l'autre tous
les Eftats des Princes d'Italie, & il
fe trouua que le poids eftoit efgal,
& que la balance ne panchoit
point plus d'vn cofté que d'autre;
dequoy les Princes Italiens eftans
infiniment affligez, ils furent tous
eftonnez qu'vn feul regard amou-
reux que la puiffante Monarchie
Françoife ietta du cofté où ils
eftoient, leur fit emporter le poids
au contentement de tout le monde. Il ne faut pas oublier que les
Efpagnols voyans que les Ducs

de Sauoye, qui la derniere fois n'a-
uoient pas voulu eftre pefez auec
les Italiens, s'eftoient mis dans la
balance auec eux, le menacerent
en fe mordant le bout des doigts,
& que les Princes les ayans apper-
ceus en cefte action, leur dirent:
Meffieurs les Efpagnols, il n'eft
plus temps de repaiftre le monde
d'efperance, nous auons defcouuert vos deffeins, & nous fouue-
nons fi bien de ce que vous auez
faict par le paffé, qu'à l'aduenir
nous voulons faire nos affaires à
part, & les marquer auec vn autre crayon que le voftre, car il
nous a trop gafté les mains ; &
ne croyez pas que les Ducs de Sauoye n'ayent bien recogneu vos
artifices, ils ne font pas fi hebe-
tez que de laiffer aller le petit

pain de leur Eſtat qu'ils ont en la bouche, pour ſuiure l'ombre des grandes ſucceſſions d'Eſpagne qu'ils voyent au fond de l'eau : & dautant que les Eſpagnols ſe plaignoient de ce qu'on auoit peſé auec les forces Italiennes, les Ducs de Parme, de Modene, d'Vrbin, les Seigneurs de la Mirandole, & les Seigneurs Romains, Gaëtans, Colonnois, & Vrſins, qui ont l'ordre de la toiſon, & tirent penſion d'eux, & par conſequent ſont obligez de s'attacher à leurs intereſts, & d'eſtre Miniſtres de leur grandeur : on leur reſpondit, que les Princes & Seigneurs Italiens receuans l'ordre de la Toiſon, & prenant leurs penſions, reſſembloient à ces honneſtes femmes, qui par courtoiſie reçoiuent des

preſens de leurs ſeruiteurs, & pourtant ne leur permettent aucunes
priuautez qui puiſſent bleſſer leur
honneur.

Pourquoy la Monarchie d'E-ſpagne s'eſt retiree dans ſon Palais.

CHAP. XIII.

A Monarchie d'Eſpa-
gne ayant demeuré
pluſieurs iours enfer-
mee dans ſon Palais,
ſans ſe monſtrer, les
Princes Italiens, & entr'autres les
Venitiens, qui obſeruent curieu-
ſement toutes les actions, & recherchent diligemment toutes lés

penſees de ceſte grande **Reyne**, en prirent l'alarme, & creurent que cela ſe faiſoit auec quelque deſſein, dont ils n'auoient point la cognoiſſance. Les Venitiens ne pouuans demeurer plus long temps en attente, planterent les eſchelles au Palais de la Monarchie d'Eſpagne, & eſtant entrez dedans par la feneſtre, virent qu'elle eſtoit fort empeſchee, & qu'elle trauailloit en cachette auec vn de ſes Miniſtres nommé le Comte de Fuentes, à boucher tous les trous de ſa maiſon. Alors les Venitiens preuoyant l'intention de la Monarchie d'Eſpagne, manderent à tous leurs amis qu'ils euſſent à tenir leurs armes preſtes, parce qu'auſſi toſt que les Eſpagnols auroient fermé les trous par où il vient du ſecours, ils

se mettroient à chasser aux souris,
& en feroient vn grand carnage.

Le Duc d'Albe, nouuellement arriué à Parnasse, vint aux mains auec Prosper Collonne, pour ne luy auoir pas donné, en luy faisant le compliment, les tiltres qui sont deubs aux Collonnois.

CHAP. XIV.

DOM Fernand de Tole-de, Duc d'Albe, estant arriué à Parnasse y a quelque temps, apres que par le commandement d'A-pollon, les hommes de guerre eu-

rent faict l'information de ſa vie
& mœurs, il fut iugé qu'il meritoit d'eſtre receu au nombre des
renommez Capitaines, qui ont
mieux aimé vaincre leurs ennemis
par fineſſe, & par patience, ſans
perte de ſang, qu'expoſer la fortune d'vn Royaume, auec la force
ouuerte & beaucoup de courage à
l'euenement douteux d'vne batail-
le ; mais ſa reception fut differee à
cauſe d'vne plainte que Louys
Guicciardin excellent eſcriuain des
affaires de Flandre fit contre luy,
pour raiſon de quelques mauuais
traictemens qu'il auoit receus de
luy , pour auoir eſcrit quelque
choſe dont il s'eſtoit offenſé , en
quoy il auoit encouru la peine
d'infamie portee par les Edicts
d'Apollon, contre les Princes, ou

les

les particuliers qui se sont ressentis
de ce que les Historiens, ou autres
Escriuains ont escrit contre leur
honneur, quand ils n'ont dit que
ce qui est veritable. Toutesfois le
Duc employa tant d'amis aupres
de Louys Guicciardin, qu'il con-
sentit à se desister de sa plainte, &
de l'accusation qu'il auoit formee
contre luy, de laquelle il auoit de
la peine à se purger, & par ce
moyen il fut admis à Parnasse, auec
les plus grandes solemnitez que
lon peut imaginer, & eut vne place d'homme d'armes en la compagnie de sa Maiesté commandee par
le renommé Quinte Fabie le grád,
qui pour sa prudence a esté nommé le Cunctateur. Or le Duc ayát
visité entre autres Princes & Seigneurs, l'Excellentissime Seigneur

Prosper Colonne ; il fut receu
chez luy auec toute sorte d'honneur, car le Colonnois sçauoit que
le Duc faisoit profession d'estre
lent, & tardif comme luy aux
actions de la guerre, & de conduire ses desseins auec moins de hardiesse, & plus de seureté : mais il
arriua vn malheur en ceste visite,
dautant que dés le premier abord,
le Duc n'ayant point donné d'autre tiltre au Seigneur Prosper Colonne, que celuy qu'il eut peu
donner à vn simple Gentilhom-
me, il s'en sentit offensé, & luy dit
tout en colere, Ie croyois que vous
fussiez venu icy plustost pour honorer, que pour mespriser vne personne qui est plus que vous ; mais
puisqu'il en est arriué autrement,
sortez de ma maison, ie vous mon-

*Il y a dans
l'original
Italien,
Vestra
merce,
qui est le
tiltre que
les Espa-
gnols don-
nent aux
simples
Gentils-
hommes.*

ſtreray les armes en la main, que les Colonnois ont accouſtumé de reſpondre par les effects, aux iniures qu'on leur fait de paroles, & que ceux qui ſçauent ſi mal comme il faut viure auec les hommes de ma condition, ſont indignes de paroiſtre entre les gens d'honneur. Le Duc demeura eſtonné de la reſolution du Colonnois, & voulant reſiſter à l'effort que le Seigneur Proſper Colonne faiſoit pour le mettre hors de ſa chambre: il vint aux mains auec luy; les Eſpagnols qui eſtoient de la compagnie du Duc, accoururent incontinent à ſon ſecours: les Italiens en firent autant pour leur Maiſtre, & eſtans tous entrés dans ceſte chambre, il s'y alluma vne ſi groſſe querelle, le bruict de laquelle eſtant

venu iufques en la ruë, Apollon
en fut auſſi toſt aduerty, ſa Majeſté voulant empeſcher le mal qui
pouuoit arriuer de ceſte diſpute, y
depeſcha en toute diligence la
compagnie des Archers de ſa garde, leſquels oſterent le Duc des
mains du Seigneur Proſper Colonne, & ayant appaiſé la rumeur,
commanderent aux Eſpagnols qui
auoient eſté fort mal traictez, de
retourner en leurs maiſons. Incontinent le Seigneur Proſper Colonne alla trouuer Apollon, auant que
perſonne luy euſt peu parler à ſon
deſaduantage de ce qui eſtoit arriué; & on a ſçeu depuis, qu'il luy
dit auec beaucoup de reſſentiment. SIRE, il n'y a perſonne qui
cognoiſſe la dignité de la maiſon
des Colónois, qui ne ſçache qu'el-

le ioüiſſoit du tiltre d'Excellence
auant que les Eſpagnols fuſſent au
monde; cela eſt cauſe que ie ne puis
ſouffrir que ceſte nation prenne la
hardieſſe de meſpriſer ceux qui
ſont de ma condition, comme le
Duc d'Albe n'agueres a voulu faire en ma maiſon : car s'il eſt vray
que les iniures que nous receuons
de ceux qui ſont moindres que
nous, ſont bien plus griefues que
celles qui nous ſont faites par nos
eſgaux; il n'eſt pas poſſible qu'vn
Baron Italien de ma qualité, ſe
tienne dedans les termes de la mo-
deſtie, ſe voyant meſpriſé par ceſte
nation Eſpagnole, les miſeres de
laquelle faiſoient y a peu de temps,
tant de pitié à tout le móde, qu'on
les recommandoit par les Egliſes
à la charité des Chreſtiens, pour

trouuer moyen par les aumofnes
des gens de bien, de les tirer de la
feruitude des Mores de Grenade.
Les Efpagnols iouyffent de la
meilleure & plus grande partie de
l'Italie; & combien que tous les
Princes & les Seigneurs de ma
qualité, recognoiffent qu'ils tendent à les mettre en feruitude, & à
vfurper leurs Eftats, neantmoins
nous leur rendons toute forte
d'honneur, & mefmes employons
nos armes pour leur feruice, fans
confiderer que pour fouler leur
auarice, ils nous ont ofté ce qu'ils
ont peu de nos biens; & que lors
qu'ils mirent la ville de Rome à
fac, ils rauirent l'honneur à nos
femmes chaftes & pudiques: mais
d'endurer qu'en recompenfe de
noftre patience, ils nous oftent ce

peu qui nous reſte d'honneur, &
qu'ils nous rauiſſent les reſtes de-
plorables de la reputation Italienne : c'eſt choſe que nous trou-
uons ſi inſupportable, que nous
tenons que tout homme d'honneur eſt obligé d'en prendre ven-
geance, non pas auec les plaintes,
comme ie fais, mais à coups de poignards. Ceux qui furent preſens à
ce diſcours ont raporté que comme le Seigneur Proſper parloit,
Apollo ſe mit à ſouſrire, & qu'on
remarquoit de l'allegreſſe en ſon
viſage, d'autant plus qu'il voyoit
que le Colonnois ſe mettoit en
colere, & que le Seigneur Proſper
s'eſtant laiſſé emporter à ſa paſ-
ſion iuſques à ce poinct, qu'il eut la
hardieſſe de dire, que le meſpris dès
Eſpagnols ne meritoit que des

coups de poignards: Alors Apollon se prit à rire tant qu'il peut, & luy dit, Seigneur Prosper, vous auez toussiours esté, & estes encore, d'vne humeur trop prompte: & ie suis contraint de vous dire, que ie me sens tout scandalisé, de ce qu'estát ce que vous estes, & ayát tousjours eu de la prudence en toutes vos actions, vous vous faschez de voir que les Espagnols soient si pleins de vanité. Car comme on ne trouue point mauuais que des esclaues qui pendant vingt annees, ont vescu sur les galeres de noir & puant biscuit, se rencontrans en vn bon festin se creuent de manger, par ce que les actions de gourmandise qu'ils commettent, font plus de pitié que de desplaisir aux honnestes gens qui les voyent: Ainsi ie

ne sçay pourquoy, vous autres Italiens, ne voulez pas permettre que
les Espagnols, qui sont tous nouueaux venus au monde, & qui depuis peu ont esté affranchis de la
seruitude des Morès de Grenade,
se remplissent des tiltres d'honneur
qu'ils ont trouuez en Italie. Puis
que c'est vne viande qui leur semble si delicieuse, ne leur enuiez
point le plaisir qu'ils prennent à la
gouster ; car ie vous asseure que
quand ils se seront soulez de ces vanitez, ils deuiendront aussi braues
gens que les François, & donne-
ront comme eux le tiltre d'Excellence, non seulement aux personnes
nes de vostre qualité, mais iusques
au moindres valets d'estable : & ie
veux bien que vous sçachiez, que
si vous estiez bien informé des af-

faires du monde, vous recognoi-
striez que les orgueilleuses & su-
perbes façons de faire, dont les Espagnols vsent en Italie, & dont
vous faites tant de plaintes, font
vn bien infiny aux Italiens, & par
reflexion sont cause d'vn malheur
extreme à la nation Espagnole : car
si elle estoit doüee de mœurs autant aimables, qu'elle a d'adresse,
& d'artifice pour conduire ses desseins, & d'ambition pour entreprendre dans peu de temps, elle
asseruiroit ce qui reste de liberté en
Italie, & se rendroit maistresse ab-
soluë de l'Vniuers ; de sorte que s'il
y a quelqu'vn qui doiue venger
l'insolence des Espagnols à coups
de poignards, c'est la Monarchie
d'Espagne, parce que ses Ministres
alienent par leurs vanitez, les affe-

aduancer dauantage, depuis le
long temps qu'il y a que vous les
poſſedez, & encores eſtes vous
tous les iours à la veille d'en eſtre
chaſſez par les Italiens; car s'ils ne
craignoient de tomber entre les
mains des François, apres auoir
ruiné vos affaires d'Italie, vous ſçauez bien qu'en vous oſtant la commodité du port de Gennes, ils vous
mettroient en des difficultez dont
vous ne pourriez iamais ſortir, ce
qui vous deuroit diſpoſer à contenter au moins de paroles, ceux auſ-
quels malgré vous, vous ſerez contraints de donner du meſconten-
tement, à cauſe des intereſts de vos
Eſtats d'Italie. Pour le regard de
l'iniure que vous pretendez vous
auoir eſté faite par le Seigneur
Proſper, ie vous dis franchement

que ie ne vous feray iamais faire
raifon des affrons que vous rece-
urez pour ce fubiect, car ie croiray
toufiours que vous les aurez re-
cherchez, & meritez, par voftre
orgueil, & par voftre arrogance.
Alors le Duc voulut dire pour s'excufer, qu'il ne pouuoit donner autres tiltres aux Seigneurs Italiens,
que ceux qui eftoiét contenus aux
inftructions qu'il auoit de fon
Maiftre. Mais Apollon luy repliqua que fes inftructions ne s'eften-
doiént que fur les Milanois, & les
Neapolitains; & fa Maiefté adioufta que fi les Efpagnols n'eftoient
point preuenus, & aueuglez de
paffion, ils recognoiftroient que
les grans de la Cour de leur Roy, le
fafte defquels eft monté à vn fi
haut poinct, qu'il séble que l'Efpagne

gne mesme soit trop petite pour
eux, encore qu'elle soit de grande
estenduë, & qui veulent aussi faire
les grands en Italie, comparez auec
les Seigneurs Romains, deuien-
nent plus petits que des Nains. Incontinent qu'Apollon eut acheué
ces mots, vne nuee blanche comme neige, l'ayant couuert & des-
robé aux yeux des assistans, les Prestres qui estoient pres de sa personne dirent, que sa Majesté vouloit
prophetiser; c'est pourquoy tout le
monde s'estant couché en terre, &
le Duc auec tous ceux qui estoient
de sa suite, on oüyt sortir vne voix
de ce nuage qui dit : Espagnols, ie
predis que vos actions orgueilleuses & arrogantes, forceront vn
iour la Noblesse Italienne, qui des-
ja a fait des Vespres Siciliennes, à

K

machiner contre vous quelques Complies Neapolitaines : car les Italiens ont accoustumé de venger plus cruellement le mespris des paroles, que les coups de poignards, parce qu'estans d'vn naturel qui ne peut rien endurer, & ayans les mains extremement longues, ils se portent facilement aux grandes resolutions, & par vn exceds de cruauté, attendent à venger les iniures qu'ils ont receuës, quand ceux qui les ont offensez ne s'en souuiennent plus. Lors que cela arriuera, vous les trouuerez les armes à la main, vaillans comme des Rolands, au lieu que vous croyez que ce soient des asnes de somme, sans courage, & sans sentiment.

ctions de ses meilleurs seruiteurs,
& rendét sa domination desagrea-
ble à tous ses subiects, à quoy elle
a grand interest de pouruoir, si,
elle aspire à la Monarchie vniuerselle, parce qu'elle ne peut y paruenir tant qu'elle aura toute l'Italie pour ennemie.

Apres ceste responce, le Seigneur
Prosper retourna en sa maison fort
content & satisfait ; mais incontinent le Duc d'Albe se presenta à
Apollon auec toute sa suite, si sai-
sie de tristesse, que la grande quantité d'onguent blanc que les Espagnols auoient sur le visage, les em-
peschoit de paroistre noirs, comme sont ordinairement les Mores
de Grenade. Alors Apollon preue-
nant les plaintes que le Duc vouloit faire contre le Colonnois ; luy

dit: Ie suis fasché du malheur qui
est arriué, & d'autant plus que ie
sçay que de vostre part, le subiect
de la querelle n'est ny iuste, ny honorable; & en ceste occasió ie veux
bien vous dire que ce qui fait recognoistre, que vous autres Espagnols estes pleins de malice, est que
vous prenez plaisir d'oster à ceux à
qui vous parlez, les tiltres qui leur
appartiennent; car la vraye marque d'vn homme de bien, est d'e-
stre liberal à donner des tiltres
d'honneur, & estre peu ambitieux
de les receuoir, dautant que celuy
qui honore quelqu'vn, mesmes
plus qu'il ne doit, reçoit toute la
gloire de ceste action, & fait rejail-
lir sur luy l'honneur qu'il rend à au-
truy:cela est cause que vous autres,
qui voulez conseruer pour vous

seuls tous les plus beaux tiltres, &
ne les donnez à personne, non seulement n'augmentez pas voſtre reputation dans le monde, mais meſmes vous eſtes rendus ſi odieux, &
ſi ridicules, que les Italiens, qui
ſemblent eſtre naiz pour ſe moc-
quer de tout, ont introduit dans
leurs comedies vn perſonnage Eſpagnol, au lieu d'vn Neapolitain,
pour repreſenter vne vanité, & vne
vanterie inſupportable; ce qui
vous deuroit faire mourir de honte: & ie ne ſçay comment vous-au-
tres Eſpagnols, qui eſtes ſi prudens, & ſi aduiſez, ne recognoiſ-
ſez-pas que c'eſt aller à reculons,
comme les eſcreuiſſes, que d'aſpi-
rér à la Monarchie vniuerſelle, en
meſpriſant tout le monde. Les eſprits des hommes ſe laiſſent char-

mer par les appas de la douceur, de
la recognoiſſance, de la ciuilité, &
de la courtoiſie ; & ce ſeroit vne
grande ſottiſe à vn oyſeleur, d'aller
le tambour battant à vn colom-
bier pour y prendre des pigeons,
& neantmoins c'eſt ce que vous
faites : mais ie vous dis dauantage,
que les pretentions que vous auez
ſur l'Italie, vous deuroient obliger,
ſi vous auiez de la conduite, & du
iugement, d'attirer les Italiens par
l'amorce des dignitez ; car par ce
moyen vous eſtabliriez doucement voſtre empire deſſus eux,
& ſans reſiſtance, les mettriez en
ſeruitude, au lieu que viuant ſuiuant les maximes que vous tenez,
vous eſtes tellement renfermez,
dans vos Eſtats de Naples, & de
Milan, que vous n'auez peu vous

Les Espagnols deliurent les François de l'hospital des fols.

CHAP. XVIII.

POLLON fit deliurer y a deux iours, de l'hospital des fols, grande quantité de François, qui pendant le long temps qu'on les auoit retenus prisonniers, s'estoient laissez emporter à d'estranges exceds, & à d'extremes violences, tant contre eux-mesmes, que contre leurs amis, & par leurs actions auoient donné grand subiect de pleurer à toute l'Europe. Or ayant

L

depuis apparu qu'ils auoient recouuré leur santé par vn acte au-
tentique produit en iugement par
les Sereniſſimes Medicis de Florence qui les ont touſiours aſſiſtez
pendant leur maladie, ils ont eſté
deliurez; mais auant leur depart
ſa Majeſté les fit venir en ſa preſence, & leur dit qu'à l'aduenir ils euſſent à viure auec plus de prudence
qu'ils n'auoient fait par le paſſé
dans vn ſi beau & ſi puiſſant Royaume, & que ſur tout ils ſe ſou-
uinſſent qu'ils eſtoient obligez de
leur ſanté aux Eſpagnols, parce
qu'en ſe monſtrant les armes à la
main en France, & principalement
dans Paris, ils auoient remis la cer-
uelle en la teſte des François, qui
auparauant faiſoient les enragez,
& les frenetiques. Les François re-

mercierent sa Majesté des bons conseils qu'elle leur donnoit, & luy tesmoignerent qu'ils haïssoient tellement la Ligue, que mesme ils en auoient le nom en horreur; & adiousterent qu'ils ne deuoient le recouurement de leur santé, que au valeureux, & tousiours victorieux Prince, Henry le Grand, lequel par son courage auoit ouuert les yeux aux François, aueuglez par l'hypocrisie des Espagnols, qui par les appas de leurs doublons, auoient si bien sçeu faire leurs affaires, qu'ils auoient osté le iugement tant aux hommes sages & aduisez, qu'aux plus foibles esprits.

Il y a vn rencôtre en l'Italien sur le mot de *legha* qui signifie lieuë & ligue, qui ne se peut trouuer en nostre langue, en voicy le passage. *Che nel misurar le distanze de i luoghi per lauenire volenano seruisi dell' vso delle miglia Italiane per fuggire il nome lugubre di leghe.*

Aucuns sont monstrez au peu-
ple, pour seruir d'exemple
aux autres.

CHAP. XIX.

A POLLON aſçeu auec
beaucoup de regret,
que la couſtume de la
pluſpart des Princes
de ce temps, eſt de ne faire plus
de guerre ouuerte, mais de ſe ſeruir de ruſe & de fineſſe, & que
quelques vns par leurs artifices
ont fait reüſlir de tres-grandes entrepriſes, ſans y employer autres
armes que les intelligences, & les
pratiques honteuſes qu'ils ont faites pour debaucher les ſubiects, &

exciter la Noblesse à rebellion. Pour remedier à ces desordres, sa Majesté commanda il y a plus de trente ans, à Iean François Lottini, Secretaire des vertus morales en ceste Cour, de mener vn Connestable de France, & deux Princes du dernier siecle, soubs le portail du Temple de Delphes, afin qu'estans exposez à la veuë de tout le monde, la honte qu'ils en receuroient fist apprehender aux autres Princes vn pareil traittement ; d'où vient que Lottini monstre ces trois grands Princes au peuple qui entre dans ce Temple & qui en sort, & descouurant leurs mains, lesquelles n'ont point de doigts, & qui semblent auoir esté deschirees par des chiens, il prononce hautement ces paroles,

Vous, de qui toutes les inclinaţions sont porteés à la cognoissan-ce des bonnes Lettres, & à l'exercice de la vertu, prenez exemple sur la calamité de ces miserables Princes, qui comme vous voyez, ont perdu l'vsage de leurs mains, & apprenez à leurs despens, que c'est vne grande folie de mettre ses mains en lieu dangereux, & hazarder son honneur & sa reputation pour faire plaisir à autruy.

Les Ministres d'Espagne sont interessez en leur profit.

CHAP. XX.

O N vit entrer y a trois iours, à huict heures du soir, dans le Palais de la Monarchie d'Espagne, quarante charettes de foin; ce qui donna l'alarme aux François, Venitiens, & autres Potentats, qui sont jaloux de la grandeur de ceste Princesse, & les obligea de se mettre en peine de descouurir si soubs ce foin les Espagnols n'auoient point fait entrer des armes, & autres prouisions de guerre; & les

efpions raporterent que deffous
ce foing il y auoit des caiffes pleines de picqz, palles & houyots:
c'eft pourquoy les François prirent
refolution de s'armer , & les Venitiens eftoient apres à mettre
leurs galeres en mer, quand il
fut aduifé qu'auant de fe declarer, il eftoit à propos de fçauoir
affeurément fi les Efpagnols
auoient fait entrer dans leur Palais autre quantité de femblables
inftruments , ou s'ils en atten-
doient encores : furquoy il leur
fut dit, qu'ils n'en auoient point
receu d'autres, & qu'ils n'en at-
tendoient point, & mefmes que
ces caiffes ayant efté defchargees
dans le Palais Royal, ne furent pas
portees en l'Arfenal, mais que les
picqz, palles & houyots qui eftoiét

dedans, ayant esté partagez entre les grands d'Espagne, & les principaux Officiers de ceste puissante Monarchie, ils les employerent dés le lendemain du grand matin à faire des fossez, & à remüer la terre pour faire des canaux, chacun d'eux tirant l'eau à son moulin, auec tant de soing & de vigilance, que le public en estoit infiniment incommodé : de sorte que les moulins des communautez d'Espagne à faute d'eau ne pouuoient plus moudre.

L'Empereur Maximilian est aduerty des querelles de ses enfans.

CHAP. XXI.

LA nuict passee, trois Courriers depeschez à l'Empereur Maximilian second, luy donnerent aduis que l'Archiduc Mathias auoit pris les armes contre l'Empereur Rodolphe son frere, & luy demandoit les Royaumes de Hongrie, de Boheme, l'Archiduché d'Austriche, & vn absolu commandement sur les autres Prouinces. L'Empereur receut ces nouuelles auec beaucoup de desplaisir; car il iugea bien que les querelles de ses enfans donne-roient aux ennemis de la maison d'Austriche le contentement qu'ils souhaittoient il y auoit lóg temps. C'est pourquoy hier dés le grand matin ce Prince vint trouuer Apol-lon, & les larmes aux yeux, luy de-manda quand finiroient les maux que tous les Potentats d'Allema-gne, coniurez ensemble, auoient tramé à sa maison, & pour quelle occasion elle estoit si rudement traictee? A quoy Apollon respon-dit? Grand Empereur, les trauer-ses qui affligent & persecutent vo-stre maison, cesseront alors qu'elle quittera le dessein ambitieux de se rendre maistresse de la Hongrie, & de la Transiluanie; car la crainte que ceste entreprise ne luy reüssisse,

a fait liguer toute l'Allemagne
pour s'oppofer à fa puiffance, ab-
baiffer fa grãdeur, & par ce moyen
affeurer fa liberté, pour la conferuation de laquelle elle eft capable
de tout faire, & mefmes a refolu de
laiffer pluftoft perdre Vienne, que
d'employer fes forces pour prendre Bude, eftimant que les victoi-
res du Turc luy feroient moins de
mal, que celles de voftre maifon:
quand les Princes de la maifon
d'Auftriche n'auront plus ces penfees en l'efprit, la Ligue qui a efté
faite contr'eux fe rompra, & toute
l'Allemagne aimera paffionné-
ment vos Archiducs, lors que viuant fans ambition ils tefmoigne-
ront qu'ils ne veulent point eftre
plus grands que les autres Princes
d'Allemagne.

Les chiens des Indes sont deuenus loups.

CHAP. XXII.

LA nuict du douziesme de ce mois, arriua vn Courrier de Lisbone, qui dit à Apollon qu'il apportoit des nouuelles tres-importantes des Indes Occidentales.

Le lendemain du grand matin, tous les hommes de Lettres se rendirent au Palais, pour apprendre ce qu'il y auoit de nouueau, & les Espagnols furent les premiers à demander si lon auoit descouuert aux Indes quelque autre montagne de Potosi, ou quelque nou-

ueau Dieu d'argent, parce qu'ils
vouloient y aller prescher la saincte
parole de Dieu. Les François de-
manderent si lon n'auoit point
trouué vn autre nouueau monde,
qui rendant les Espagnols encores
plus puissans qu'ils ne sont, ache-
uast de ruiner celuy-cy. Mais on
prit à mauuais presage de voir que
Apollon ayant leu les lettres qu'il
auoit receuës, deuint extremement triste; & ayant caché son visage dans vne nuee espaisse, pleu-
ra amerement, ce qui fit croire que
le Courrier auoit apporté de tres-
mauuaises nouuelles. Or comme la
place estoit pleine de gens Lettrez
& Vertueux, qui desiroient auec
beaucoup d'impatience sçauoir le
subiect de la tristesse de sa Majesté:
On entendit vne voix, accompa-

gnee d'esclairs & de tonnerre, qui
dit : Vous qui habitez la terre,
ieusnez, macerez vostre chair, prenez le cilice, couurez-vous de cen-
dre, mangez le pain de douleur,
& auec vn cœur humilié, faites des
prieres à Dieu pour appaiser sa colere, & obtenir de sa bonté, qu'il
luy plaise de deliurer les hommes
qui viuent dans ce vieux monde,
des prodiges, & des nouueautéz
monstrueuses que lon a sçeu cer-
tainement estre arriuees au nouueau. Les Vertueux demeurerent
si surpris & si affligez de ce qu'ils
auoient ouy, qu'ils en tomberent
esuanoüis ; car estimans que les Indes Occidentales eussent esté con-
sommees par le feu, ou noyees par
les eaux, ils craignoient qu'il ne
leur en aduint autant, & le desplai-

sir qu'ils ressentoient estoit si violent, que tout ce qu'il y auoit
d'hommes de Lettres, & de Vertueux à Parnasse, estoit plein de
crainte & d'estonnement, versoit
des ruisseaux de larmes, poussoit
du profond de l'estomac non des
soulpirs, mais des heurlemens ex-
traordinaires, & en cet estat crioit
misericorde, & supplioit instam-
ment sa Majesté, de descouurir à
ses bons & fideles subiects, quels
estoient les maux dont ils deuoient
prier Dieu de les deliurer. Alors il
sortit vne seconde voix du Palais
d'Apollon, qui declara que les
chiens que les Espagnols auoient
fait passer aux Indes, pour garder
les brebis des dents des loups
estoient deuenus eux-mesmes
loups si rauissans, qu'ils les deuo-

roient

roient auec plus de cruauté que ne feroient des tigres. Cet aduis mit les larmes aux yeux de tous les Vertueux, & n'y eut perſonne qui n'euſt beaucoup de reſſentiment, de voir que les chiens mis à la garde des brebis, eſtoient deuenus loups ſi inhumains, qu'ils deuoroient eux-meſmes les troupeaux qu'ils auoient en garde. A qui, diſoient-ils, les Bergers confierontils deſormais leurs brebis, puis que ils n'ont plus d'aſſeurance en leurs chiens, qui leur auoient touſiours eſté ſi fideles ? & comment eſt-il poſſible que ce pauure animal ſoit reduit à vne ſi grande miſere, qu'il faille qu'il ſoit la proye tant des loups qui ſont ſes ennemis, que des chiens, qui ont touſiours eſté ſes amis? Or pendant que l'eſpouuente eſtoit general dedans Parnaſſe, on vit les Flamans, & les autres peuples des Pays-Bas, ſeuls entre toutes les nations, aller & courre de toutes parts, pour remettre à vn chacun le cœur au ventre, diſant qu'il n'y a point au monde de malheur & de calamité ſi grande, qu'vn eſprit fort & reſolu ne puiſſe euiter; qu'il eſt aduenu de meſme en leur pays, que les chiens que les Bergers d'Eſpagne auoiét enuoyez pour la garde des troupeaux de Flandre, eſtoient deuenus ſi enragez, qu'ils deuoroient & mangeoient auſſi les brebis auec vne inhumanité brutale, & qu'ils euſſent englouty tous les pauures troupeaux Flamans, ſi auec vne deliberation pleine de valeur, & de courage, dont tout le monde auoit cognoiſſance, ils n'y euſſent pourueu; & partant que quand meſme le vieil monde ſeroit attaint des maux que lon a appris eſtre ar-riuez au nouueau, il ſeroit facile d'y donner ordre, & de chaſtier les chiens qui ſont ſubiects à manger les brebis, en prenant vne ſembla-ble reſolution que les Flamans, & faiſant aualer à ces meſchans ani-maux tant de noix Flamandes, que le vomiſſement qu'elles excite-roient vint à les faire creuer com-me ils meritent.

La Monarchie d'Espagne va visiter la Sereniſsime Reyne d'Italie, & ces deux Princeſſes ſe rendent l'vne à l'autre des deuoirs, & des complimens d'honneur & d'amitié.

CHAP. XXIII.

LA Sereniſsime Reyne d'Italie fut extremement eſpouuentee, lors qu'elle vit que les Roys de France, qui s'eſtoient rendus maiſtres du Royaume de Naples, vouloient auſſi s'emparer du Duché de Milan; & combien qu'en apparence ceſte entrepriſe ne diminuaſt rien de leur

ancienne confiance, neantmoins
leurs efprits eftoient fi alienez, &
fi animez l'vn contre l'autre, que
par les fecrettes pratiques & intelligences que la Reyne d'Italie fo-
mentoit dedans la France, & que
la Reyne de France nourriffoit à
force d'argent dans l'Italie ; ces
deux Princeffes fe faifoient vne
cruelle guerre en pleine paix. Or
pendant que les mefcontentemens
& les deffiances eftoient plus allu-
mees entre ces deux puiffantes
Reynes, la Monarchie d'Efpagne,
auec vne fuitte digne de fa grandeur, alla trouuer, contre l'attente
de tout le monde, la Sereniffime
Reyne d'Italie, laquelle la receut
auec tant de tefmoignages d'honneur, & de bonne volonté, que les
hommes de Lettres , qui remar-

querent pluſtoſt au viſage de ces deux Princeſſes les mouuemens de leur ame, qu'ils ne s'arreſterent aux complimens qu'elles ſe firent, recogneurent que ceſte entreueuë auoit operé entr'elles vne parfaite reconciliation, & ceſte reünion d'affections cauſa vn ſi grand eſtónement en l'eſprit de tous les Vertueux, qu'ils confeſſerent qu'il ne s'eſt iamais fait de paix de la memoire des hommes, qui les ait ſurpris à l'eſgal de celle-là, & qui leur ait donné plus de curioſité, & de deſir d'en apprendre le ſubiect. Et dautant que les Philoſophes, les Poëtes, & tous ceux qui ſe meſlent des autres ſciences, ne penetrent pas aſſez pour deſcouurir les vrays mouuemens qui portent les grands Princes aux reſolutions qu'ils prennent : Les Vertueux eurent recours à l'Vniuersité des Politiques, lesquels font profession particuliere, par la cognoissance qu'ils ont des interests de tous les Potentats, de porter leurs yeux dedans les plus secrets conseils des Princes. La responfe qu'ils eurent des Politiques fut, que la Reyne d'Italie pour conseruer sa liberté, & la deffendre des armes des François, se vit comme forcee de s'allier auec la Monarchie d'Espagne : mais que s'estant apperceuë qu'apres que ceste Princesse se fut renduë maistresse du Royaume de Naples, & du Duché de Milan, elle aspiroit à l'Empire de toute l'Italie, auec plus d'ambition, de ruse, & d'artifice, que n'auoient fait les François, & que pour faire reüssir

M iiij

ce deffein, elle femoit des diuifions
en France pendant la minorité des
enfans du Roy Henry fecond, &
fe feruoit pour Miniftres de fon
ambition , de la feruitude d'Italie,
de quelques Princes Italiens , &
des principaux d'entr'eux,mais des
moins aduifez ; alors elle commença à la haïr fi cruellement, qu'elle
rechercha tous les moyens de ruiner fes affaires, que depuis les chofes ayans changé de face , & la
mauuaife iffuë de l'efchange de
Sabioneda, ayant fait cognoiftre à
la Monarchie d'Efpagne , que le
deffein de commander à toute l'I-
talie eftoit trop difficile à executer, elle auoit ofté de fon efprit
cefte ambition qui la rongeoit, &
apres auoir bien penfé aux trauerfes qu'elle receuoit en Flandre,

& ailleurs, elle auoit iugé qu'elles
luy eſtoient cauſees par ces penſees
trop ambitieuſes, & que pour aſſeurer ſes affaires elle ne pouuoit
mieux faire que de donner la paix
à autruy, & qu'ayant appris par
experience, que ſans l'amitié, la faueur, & le ſecours des Princes Italiens, elle ne pouuoit ioüyr en paix
du Royaume de Naples, & Duché de Milan, elle auoit voulu par
ceſte viſite calmer la rage qui animoit contre elle l'eſprit de la Reyne d'Italie: en quoy les Politiques
diſoient, qu'elle auoit pris vn conſeil tres-ſalutaire, eſtant bien vray-
ſemblable que ſi les Eſpagnols
teſmoignoient ſeulement qu'ils
vouluſſent tourner leurs armes
contre Breſſe, Bergame, Turin, &
Gennes, tout le monde ſe ſouſle-

ueroit contr'eux, puis que la petite acquisition qu'ils vouloient faire de Sabioneda, leur a suscité tant
de trauerses de la part de ceux mesmes dont ils se doutoient le moins,
que lon peut dire veritablement
que la caille estoit prise, & ne pouuoit se garantir des dents des
chiens, si elle n'eut pris resolution
de percer le filet, & sauuer sa vie
à la faueur d'vne maille rompuë.

La Monarchie d'Espagne fait ietter son Medecin par les feneſtres.

CHAP. XXIV.

E matin la Monarchie d'Eſpagne a fait appeller ſon Medecin ordinaire, & quelque temps apres qu'il eſt arriué aupres d'elle, elle l'a ietté elle meſme par les feneſtres de ſon Palais, & ce pauure homme ayant eſté tout rompu, & tout briſé de ceſte cheute, eſt mort incontinent; ce qui a ſemblé d'autant plus eſtrange, que ce Medecin eſtoit en reputation de fort homme de bien, & de tres-ex-

cellent en ſa profeſſion. On a fait
diuers iugemens de ceſte action:
mais Appollon en ayant voulu ſçauoir le ſubiect par la bouche meſme de la Monarchie d'Eſpagne,
elle luy a dit, qu'il y àuoit quarante
ans paſſez que quelques accidens
luy eſtoient ſuruenus, & certains
ſignes de vie qui s'eſtoient deſcou-
uerts en la Royale maiſon de Bour-
bon, luy faiſoient apprehender
d'eſtre frappee de quelque mauuais
mal François, & que pour remedier à ce qu'elle craignoit, elle auoit
demandé conſeil à ſon Medecin,
lequel luy auoit ordonné vne longue, ennuyeuſe, & chere purgation de diuerſes huiles de ſainctes
ligues, de ſoulſleuemens de peuples, rebellions de Nobleſſe, de
cautheres, & d'autres medecines

fort ameres, lesquelles auoient
affoibly son estomac, & diminué
ses forces, & luy auoient fait perdre l'appetit de telle façon, que la
grande quantité de sirops, & de
medecines qu'elle auoit prises auec
tant de peine, n'auoient seruy qu'à
faire haster & aduancer le mal que
elle n'eut peut-estre iamais eu sans
ceste malheureuse purgation:outre
que la quantité des sangsuës que
lon auoit appliqué en diuerses parties de son corps, luy auoient tellement succé le meilleur sang de l'or
d'Espagne, qu'à cause de la foiblef-
se de sa complexion, elle ne s'estoit
pas trouuee assez forte pour vuider
les mauuaises humeurs de Flandre,
qui luy causoient vne tres-grande
oppression:Toutes lesquelles choses estant arriuees par le mauuais

conseil de son Medecin, elle s'estoit mise en colere contre luy, & auoit iuré de le ietter par les fenestres, si pour guarir les maladies qu'elle auroit à l'aduenir, il luy ordonnoit iamais aucune sorte de purgations; & que s'estant apperceuë que le mal qu'elle sentoit dedans les espaules du costé de Holande, luy estoit ouuertement suscité par la France, elle auoit demandé conseil au mesme Medecin, pour sçauoir ce qu'elle deuoit faire pour s'en deliurer; & que cet homme oubliant sa premiere faute, luy auoit ordonné vne seconde purgation, toute semblable à la premiere; ce qui l'auoit mise en si grande colere, que se laissant emporter à son ressentiment, elle l'auoit ietté par les fenestres, pour

le punir d'eſtre retombé pour la
ſeconde fois en vne telle faute,
& qu'il luy ſembloit que ce Medecin auoit bien merité ce traicte-
ment, puis que le ſuccez de ſon
conſeil qui auoit eſté ſi malheureux à ſes Eſpagnols, ne luy auoit
pas appris que les purgations pri-
ſes auant le temps pour euiter les
maux que lon craint, n'operent
pas tous les bons effects que le
Medecin ſe promet, & que le malade deſire.

La Somme de l'Illuſtriβime Cardinal de Tolede ne peut eſtre receuë à Parnaſſe.

CHAP. XXV.

L'ILLVSTRISSIME, & Reuerendiſſime, François de Cordouë, Cardinal de Tolede, perſonnage de vie exemplaire, grand Philoſophe, & tres-ſçauant aux Lettres ſainctes, & qui a paru dans les chaires plus qu'aucun autre Predicateur de ſon temps, a eſté receu ſur les frontieres de cet eſtat par Alexandre d'Ales, & par Monſeigneur Cornelio Muſſo, Eueſque de Bitonte, & traicté en tous les

les lieux où il a paſſé aux deſpens
de ſa Majeſté. Ce Seigneur eſtant
arriué à Parnaſſe, preſenta ſes eſ-
crits au venerable College des Vertueux, leſquels ne loüerent pas ſeulement, mais admirerent ſes liures
de Philoſophie, & receurent ſes
Commentaires ſur les ſainctes
Lettres auec vn extraordinaire
applaudiſſement de tous les ſacrez
Eſcriuains, & puis firent porter
ſes œuures dans vne boëte pre-
cieuſe en la Bibliotheque du Temple de Delphes, où ſon nom fut
conſacré à l'eternité: il n'y eut que
ſa Somme que les Vertueux ne
voulurent pas receuoir, encores
qu'elle fuſt pleine de doctrine, al-
leguans, pour auctoriſer leur refus, que la Biblioteque de ſa Majeſté eſtoit remplie de ſemblables

N

liures qui traictent de ce qui touche la conscience des particuliers,
& qui mettent en compromis le
salut des ames, & l'attachent à l'interest de trois deniers; mais qu'il
n'y en auoit point qui parlast des
cas de consciences des Princes, qui
est vne matiere que les Theologiens n'ont point touchee, & dont
la cognoissance importe au salut
de tout le monde, estant chose
tres-necessaire qu'il se trouuast
quelqu'vn qui declarast iusques
où s'estend en conscience la puissance des Princes, & qui repri-
mast les actions de ceux, qui aueuglez de l'ambition de commander,
auoient remply le monde de brigandages, & d'assassinats, & couuert la terre de sang humain : Et
partant le College des Vertueux

adiousta, qu'il voudroit bien que
lon disputast & resolust les que-
stions suiuantes ; Sçauoir , si la
pieté Chrestienne admet l'hypote-
que speciale, que la violence des
armes a vsurpee sur les estats d'autruy ; si vn Prince qui a la crainte
de Dieu deuant les yeux, peut tenir
vn estat qu'il a osté par ruse, ou par
force à celuy à qui il appartient le-
gitimement ; si celuy qui est nay
Chrestien, entrant en vn pays de
conqueste , peut en conscience
porter tous ses efforts , & toutes
ses pensees à sa ruine, pour y commander absolument, & sans deffiance; si c'est vne plus detestable
& execrable idolatrie , d'asseruir,
comme on fait à present, les loix
diuines & humaines, à la maxime
d'Estat, que d'adorer la Statuë de

Nabuchodonosor, & le Veau d'or.
En somme le College des Vertueux dit, que tous ses souhaits
seroient accomplis s'il se trouuoit
vn Theologien qui eust l'ame si
bonne, qu'il voulust employer sa
plume à diuertir les Princes de mal
faire, comme plusieurs auec beaucoup de trauail, en auoient de-
stourné les particuliers, leur semblant que c'estoit vne chose bien
estrange, que quantité de doctes
Theologiens eussent pris la peine de discourir du compte exact
que les hommes doiuent rendre
à Dieu de leurs paroles oyseuses,
& eussent oublié de parler des Princes, qui vsurpant à main armee
les Estats de leurs voisins, font
causes de la ruine des choses sainctes & profanes, qui est la fau-

te en laquelle sont tombez ceux
qui ont vescu du temps de Ferdinand Roy d'Arragon, & de Charles V. Empereur, lesquels eussent
plus merité enuers Dieu , & le
monde , si au lieu d'emplir des
Volumes entiers de pechez ve-
niels des particuliers , ils eussent
censuré & repris les actions de
ces Princes , les ames desquels
sont parties de ce monde char-
gees de cinq cens mil meurtres,
que leur ambition a faict commettre , dont ils doiuent rendre compte à Dieu par le menu,
ce qui merite autant ou plus d'e-
stre bien espluché, que tous les
autres cas de conscience dont les
liures sont pleins , afin que les
hommes qui ont tousiours esté

opprimez par l'ambition des Princes, reçoiuent vn iour ceste consolation qu'ils desirent il y a si long-temps, que ceux qui sont establis pour commander, estans destournez de mal faire, viennent à recognoistre que l'Enfer est fait tant pour les grands, que pour les petits.

Almanſor autresfois Roy des Mores, & le Royaume de Naples, font l'un à l'autre le recit de leurs miſeres, & verſent des larmes de douleur pour les oppreſſions que les Eſpagnols leur font ſouffrir.

CHAP. XXVI.

ALMANSOR ce tant renommé Roy des Mores, qui a commandé ſi long temps en Eſpagne, dans le Royaume de Grenade, ſe rencontra hier auec le Royaume de Na-

ples , & se mit à l'entretenir en se
promenant auec luy. Or ce Prince
ayant ietté les yeux sur la chaisne
qui lie les pieds du Royaume de
Naples , & l'ayant attentiuement
consideree, il luy dit que la façon
de ceste chaisne estoit Moresque,
& qu'il croyoit l'auoir autresfois
veuë & maniee ; & incontinent
apres il l'asseura auec des actions
pleines d'estonnement qu'il la re-
cognoissoit, & que c'estoit celle-là
mesme, auec laquelle les Roys Mores ses predecesseurs, & luy, auoient
tenu en captiuité plusieurs Roys
d'Espagne, par l'espace de six cens
ans ; & partant il le supplia de luy
declarer par quel moyen, en quel
temps, & par qui il en auoit esté
lié. Alors le Royaume de Naples
luy respondit, Ie confesse que vous

auez bon œil, & bonne memoire,
& ce qui me fait croire que vous
ne vous trompez pas, & que ceste
chaisne est celle-là mesme dont
vous voulez parler; c'est que Con-
salue Cordouë, surnommé le grand
Capitaine, l'apporta d'Espagne il
y a cent ans passez, depuis lequel
temps elle me tient dans la seruitude en laquelle vous me voyez,
dont ie n'espere pas de sortir iamais, dautant que la puissance des
Espagnols est montee à vn si haut
poinct, que tous les passages par
où le secours des Hommes me pouuoit venir, estans fermez maintenant, le recouurement de ma liberté est en la seule main de Dieu,
& ma deliurance est si esloignee de
mon attente, que ie ne pense pas la
pouuoir obtenir, si Dieu ne re-

nouuelle pour mon ſalut , les mira-
cles de la mer rouge. Le temps ſe
raporte fort bien , repliqua Almanſor , car il n'y a gueres plus de
cent ans , que les Eſpagnols ont tiré du pied du Royaume de Grenade ceſte chaiſne , auec laquelle ils
vous ont depuis garotté. Mais ad-
iouſta-il, Ie vous prie de me raconter comment les Eſpagnols ont
peu ſe rendre Maiſtres d'vn ſi puiſſant Royaume que vous eſtes , & ſi
eſloigné de leur pays.

Les Eſpagnols , reſpondit le
Royaume de Naples , ſont entrez
en Italie par ruſe, & par fineſſe: car
s'ils euſſent tenté la force ouuerte,
ils n'euſſent iamais peu y faire de ſi
grands progrez , ne s'y eſtablir ſi
bien qu'ils ont fait , à cauſe de la
foibleſſe, & de l'eſloignement de

leurs forces , comme vous auez
fort bien remarqué. Or afin que
vous voyez comme ils ont procedé pour y prendre pied, il faut que
ie vous conte vn traiſt plein de
mauuaiſe foy, qui a eſté fait par vn
certain Roy d'Eſpagne, lequel n'a
oublié aucun artifice pour perſuader aux eſprits ſimples & idiots,
qu'il eſtoit fort homme de bien,
encore qu'il euſt la conſcience extremement large, comme il a teſmoigné par ceſte action meſchan-
te & cruelle, ſelon les regles de ma
religion Chreſtienne, mais ſuiuant
les maximes de la moderne Politique, la plus ſubtile, & la plus arti-
ficieuſe que lon ait iamais veu au
monde.

Alfonſe mon Roy, par ſon malheur, & le mien, donna en maria-

ge Ifabelle fa niepce à Iean Galeas
Duc de Milan. La ieuneffe, & l'extreme imbecillité d'efprit de ce
malheureux Prince, ouurirent le
chemin à Ludouic Sforce fon on-
cle, pour s'emparer de fon Eftat:
Alfonfe voulut empefcher cefte
vfurpation, dequoy Ludouic s'e-
ftant apperceu, & preuoyant que
fans la ruine de mes Roys il ne
pouuoit executer fon deffein, il
prit la refolution d'appeller les Frã-
çois à ma conquefte, dont s'enfui-
uit vn malheur tres-grand à luy,
à moy, à tous les Princes d'Italie. Mes Roys voulant s'appuyer
contre de fi puiffans ennemis, de-
manderent fecours à cefte fainéte
ame de Ferdinand Roy d'Arragon
leur coufin, lequel fe monftra enuers eux fi bon parent & amy, que

au lieu de chasser les François, il
me partagea auec eux ; & pour tesmoigner qu'il estoit maistre passé
aux tours de souplesse des Bohe-
mes, vn peu apres ce malheureux
partage il fit la guerre aux François, sur lesquels ayant obtenu la
victoire, il les contraignit de retourner honteusement en France;
& alors ce bon Roy Ferdinand sans
aucun scrupule de conscience, estát
deuenu mon souuerain Seigneur,
il me mit au pied la chaisne que
vous auez recogneuë. Ie ne sçay si
dans les Croniques des Sarrasins,
des Mores, & des Turcs, que vous
pouuez auoir leuës, il se trouue
vne plus meschante action que
celle-là, qui a esté faite par vn Prince, lequel affectoit sur tout d'estre
reputé homme de bonne conscien-

ce, & que le sainct Siege Apostolique peu auparauant auoit honoré
du glorieux tiltre de Catholique.
A quoy Almanſor repliqua , que
dans les Hiſtoires de ſa nation , on
liſoit des actions aſſez mauuaiſes
faites par diuers Princes, aueuglez
d'ambition , & du deſir de dominer, mais que celle de Ferdinand
les ſurpaſſoit toutes.

Mais quelle voye ont tenu les
Eſpagnols, luy dit le Royaume de
Naples, pour deliurer le Royaume de Grenade de la captiuité en
laquelle les Mores l'auoient tenu
par tant de ſiecles? L'vnion des
Royaumes de Caſtille, & d'Arragon (repartit Almanſor) qui ſe fit
par le moyen du mariage de Ferdinand & Iſabelle, donna la liberté
au Royaume de Grenade ; vnion

malheureuſe, qui a donné ſubiect
de pleurer non ſeulement à moy,
mais auſſi à tous les Potentats de
l'Europe, comme celle qui a cauſé
ces grandes conuulſions d'Eſtats,
qui ont affligé toute l'Europe, &
principalement l'Italie ; car il eſt
vray que ie commanderois encore
à preſent à l'Eſpagne, ſi ceſte miſerable vnion n'eut aduancé ma
cheute : parce que la ialouſie qui
eſtoit touſiours entre les Caſtillans
& les Arragonois, me ſeruoit de
fortes citadelles : & d'ailleurs, le
ſecours que les Papes enuoyerent
à Ferdinand & Iſabelle, a infiniment precipité ma ruine. Ne parlez
point de cela Almanſor, luy dit le
Royaume de Naples, car depuis
que l'ambitieuſe nation Eſpagnole vous a chaſſé d'Eſpagne, les Pa-

pes ont souffert tant de calamitez,
qu'il semble qu'ils soient assez pu-
nis d'auoir procuré sa grandeur, &
que ces malheurs leur soient arriuez pour le loyer du secours qu'ils
leur ont donné; & si le sainct Siege
Apostolique a esté bien aise de voir
les Mores hors d'Espagne, ceste
douceur a esté suiuie d'vne plus
grande amertume, que luy a causé
ma captiuité : car les Papes ont
tousiours redouté sur toutes choses, que ie ne tombasse entre les
mains d'vn Prince puissant, & ce
qu'ils craignoient le plus leur estant
aduenu, ils viuent en perpetuelle
deffiance ; & ceux d'entr'eux qui
ont plus de cognoissance des affaires du monde, ayant tant de sub-
ject de crainte & de ialousie, ne
peuuent dormir en repos; car ils
ont

ont touſiours deuant les yeux le
malheur qui arriua à la ville de Rome, lors que les Eſpagnols triom-
phans de ma liberté la ſaccagerent,
qui fut vne ingratitude ſignalee,
auec laquelle ils s'acquiterent enuers le ſainct Siege Apoſtolique, de
toutes les obligations qu'il auoit
acquiſes ſur eux, tant à cauſe de la
remiſe du fief de Naples, que pour
le ſecours qu'ils auoient receu de
luy en la guerre de Grenade; & qui
deſillant les yeux des plus endor-
mis, fit cognoiſtre à tout le monde combien il importe de dechaiſ-
ner les Lyons par zele de pieté; parce que les Eſpagnols ne furent pas
ſi toſt affranchis de la ſeruitude
des Mores de Grenade, que leur
ambition leur faiſant conceuoir le
deſſein d'vne Monarchie vniuer-

O

felle, leur fit fufciter entre les Potentats des ialoufies, & des diuifions, fondees fur de fpecieux pretextes de Religion, auec lefquels
ils broüillerent toute l'Europe. Et
à ce propos i'ay quelquesfois oüy
dire à des hommes de bon fens,
qu'il euft mieux vallu à plufieurs
Princes, que vous euffiez toufiours
poffedé le Royaume de Grenade,
que de voir les Efpagnols entrez en
Italie, fe rendre Maiftres de ce qu'ils
y tiennent à prefent : & ces defordres ont encores caufé vne telle al-
teration en ce qui eft de la Religion, que ceux qui ont quelque
cognoiffance des confeils des Princes, affeurent que la crainte que
l'Allemagne eut de la trop grande
puiffance de Charles le Quint Empereur, fit foufleuer au lieu des

Mores de Grenade, que les Espagnols auoient deffaits, le nombre
infiny d'heretiques que nous
voyons en Allemagne, & ailleurs:
race maudite, qui a infecté de ses
impietez vne grande partie de l'Europe. Mais si ces desordres ont apporté des nouueautez en la Religion, ils n'ont pas moins fait de
preiudice aux Princes Italiens, &
aux Papes principalement; car aussi
tost que les Roys d'Espagne m'eurent mis au pied ceste chaisne, ils
commencerent à aspirer l'Empire
de toute l'Italie: & pour y paruenir ils trouuerent moyen de prendre interest dans les differends que
les Princes Italiens auoient auec les
François sur le subiect du Duché
de Milan; en quoy Charles le
Quint proceda si bien, qu'il fit re-

O ij

cognoiſtre qu'il eſtoit vrayement
petit fils de ſon grand ayeul mater-
nel, parce qu'ayant chaſſé les François d'Italie, auec les forces des
Princes Ialiens, au lieu de remettre les Sforces dans leur Eſtat, comme il auoit eſté accordé entre luy &
les autres Princes de la Ligue, il les
entretint de belles eſperances, &
à la fin apres mille ſortes de ruſes, &
d'inuentions pleines de mauuaiſe
foy, il s'empara d'vne pièce de ſi
grande importance. Demeurez là
(dit alors Almanſor) & me dites
d'où procede que les Eſpagnols,
ayant entre leurs mains le Duché
de Milan, n'entreprennent point
la conqueſte du reſte de l'Italie, &
pourquoy les Princes Italiens n'ay-
merent pas mieux laiſſer Milan aux
François, que d'appeller les Eſpa-

gnols à leur secours pour les en
chasser, puisqu'en ce faisant ils se
mettoient en danger, comme il est
aduenu, de faire tomber ce Duché
qui est vn des plus beaux Estats d'I-
lie, en la possession des Roys d'Espagne.

La puissance des Roys de France (respondit le Royaume de Naples) deffend ce qui reste de liberté en Italie, contre l'ambition des
Espagnols ; car ces braues Princes,
ialoux de leur grandeur, & de leur
reputation, empeschent que les
Espagnols ne se rendent Maistres
de toute l'Italie, & n'adioustent
ceste puissance à celle que leur donnent les beaux estats qu'ils ont au
vieux monde, & la conqueste
qu'ils ont faite de tout le nouueau.

D'ailleurs les Princes Italiens,

qui sçauent bien qu'ils courent le hazard de tomber dans vne miserable seruitude, ont fait ensemble vne si forte vnion, qu'encores que ils soient plusieurs en nombre, ils ne composent neantmoins qu'vn corps; & les Espagnols qui font tout ce qu'ils peuuent pour le desvnir & diuiser, recognoissent bien qu'ils trauaillent inutilement, & qu'ils pilent de l'eau dans vn mortier.

Et pour ce qui est de l'autre poinct, qui regarde la possession du Duché de Milan: il faut que vous sçachiez que lon a iugé qu'il y auoit plus de seureté pour l'Italie, de faire tomber ce Duché en la possession des Espagnols, que de le laisser entre les mains des François; par ce que la France estant si

proche qu'elle eſt de l'Italie, ſi les
Fráçois en poſſedoient la moindre
partie, il y auroit du hazard qu'ils
ne la miſſent toute entiere en leur
puiſſance: mais il n'en eſt pas ainſi
de l'Eſpagne, car encores que les
forces des Eſpagnols ſoient bien
grandes, toutesfois elles ſont ſi
eſloignees, que tant s'en faut qu'ils
en puiſſent enuoyer aſſez en Italie
pour la conquerir, qu'à peine y en
peuuent-ils faire paſſer autant qu'il
eſt beſoin pour garder ce qu'ils y
poſſedent.

Vous dites vray (dit alors Almanſor) mais pourſuiuez ie vous
prie, de me raconter l'intereſt que
les Papes auoient que vous ne de-
uinſiez point ſubieƈt aux Eſpagnols. Il faut que vous ſçachiez
(adiouſta le Royaume de Naples)

qu'autresfois les Papes donnoient
l'efpouuente à mes Roys, & maintenant ils font en perpetuelle ap-
prehenfion, qu'vn iour Naples ne
fe ioigne auec Milan ; à quoy ils
cognoiffent que les Efpagnols
dreffent toutes leurs penfees : d'où
vient que les Efpagnols, qui ne
manquent point de tirer du profit
de la crainte qu'ils donnent à leurs
voifins, ont acquis vne fi grande
authorité en la Cour de Rome,
qu'ils fe vantent d'eftre arbitres de
tout ce qui s'y paffe de plus important : d'ailleurs auant que les Roys
de Naples fuffent Roys d'Efpagne,
les Papes auec vne fimple menace
de leur refufer l'inueftiture, fe faifoient faire par eux des prefens de
Principautez, Duchez, Marquifats
& autres grands Eftats, & s'affeu-

roient de leur amitié, par le moyen
des alliances qu'ils faiſoient auec
eux : & maintenant que les Roys
de Naples n'ont plus ceſte crainte,
ſi les Papes veulent donner à leurs
parens quelque titre de dignité, il
faut qu'ils l'acheptent au poids de
l'or ; & encores les Roys d'Eſpagne non contens de vendre ce qui
depend d'eux plus cher qu'au marché, ſe font bien prier auant que
de rien promettre.

Ie confeſſe (dit Almanſor) que
tous les intereſts dont vous m'a-
uez parlé, ſont de tres-grande importance : mais vous qui eſtes le
magazin de la ſoye, & le grenier de
l'Italie, pourquoy allez-vous ainſi
deſchiré, & d'où vient que vous
eſtes ſi maigre? Les Eſpagnols (reſpondit le Royaume de Naples)

qui viennent tous nuds d'Espagne,
ne veulent plus porter qu'or &
argent depuis qu'ils sont arriuez
chez moy ; de sorte que ie suis
contraint de me despoüiller pour
vestir tant de pieddeschaux : & si
vous sçauiez quels pillages commettent les Vice-Roys que lon
m'enuoye qui ne viennent en ma
maison que pour se remplumer ; &
si vous auiez cognoissáce des vole-
ries que font les officiers & les cour-
tisans qu'ils amenent auec eux, lesquels sont tous extremement alte-
rez, vous vous estonneriez comme
il est possible que ie remplisse tant
d'affamez. Quant à ce que vous
voyez que ie suis si maigre qu'on
me voit les os, les Espagnols disent qu'ils ont appris dans vn liure
d'vn certain Florentin, qui a don-

né les regles de la moderne Politique, qu'il faut que ie sois ainsi maigre, sec, & de legere taille, à la façon des cheuaux Barbes, qui ne seruent qu'à courre en lice, parce que
ie suis pays de conqueste.

Mais dites moy (adiousta Almansor) comment les Milanois
sont traictez. Ils ont ressenty le
mesme orage que moy, respondit
le Royaume de Naples, mais nous
differons en vn poinct, qui est, qu'à
Milan il ne fait que degoutter, &
que chez moy il y a vn deluge de
miseres : la diuersité de ces deux
traictemens depend de la differen-
ce des esprits Lombards, & des
Neapolitains. La Noblesse de l'E-
stat de Milan est d'vn naturel biza-
re, libre, resolu, & fort ennemy de
la complaisance , & de la flaterie,

qui est vn vice auquel les Neapolitains sont infiniment subiects;
mais outre cela, elle est si haute à la
main, & a l'esprit si pointilleux,
que les Milanois osent bien dire,
que si vne seule teste Cremonoise
se fut trouuee en la compagnie de
la Noblesse Neapolitaine, elle eut
bien empesché les Espagnols de
me reduire au pain & à l'eau, comme elle a fait, & de me mettre en
l'estat où ie suis : & quand les Espagnols en ont voulu entreprendre
autant dans Milan, on leur a fort
bien respondu, qu'ils eussent à se
contenter de viure doucement. Et
ce qui est cause encore que les Roys
d'Espagne sont plus retenus dedás
Milan, est qu'ils ont le voisinage
des Grisons, du Duc de Sauoye, &
de la Seigneurie de Venise, qui les

empefche de faire tout ce qu'ils voudroient bien. Quand les Papes eftoient puiſſans en Italie, ils faiſoient craindre leurs armes, on me reſpeċtoit auſſi en leur conſideration: Mais Almanſor retirez-vous, car ie ne veux pas que Dom Pietre de Tolede, que ie voy venir icy, & qui eſt le plus grand ennemy que i'aye, me voye fouſpirer auec vous mes miſeres; & c'eſt en cela que ma captiuité eſt malheureuſe, que ie ſuis contraint de donner le nom de ſiecle d'or, & de felicité parfaiċteà la rigueur de mes infortunes.

Le Seigneur Comte de Fuentes est receu à Parnaſſe.

CHAP. XXVII.

AV dernier Conſiſtoire qui a eſté tenu, Guſman Comte de Fuentes a eſté receu à Parnaſſe, apres vne exacte recherche de ſa vie ; car auant que de le faire entrer en la compagnie des Vertueux, Apollon a voulu s'informer particulieremét, ſi pendant le long temps qu'il a gouuerné le Duché de Milan, il n'auoit deſobligé aucun de ces excellens eſprits d'Italie, qui par leurs belles inuentions ſe ſont acquis le titre de fils aifnez des bonnes Lettres. Sa reception a efté fort trauerfee ; & ce qui luy a fait plus de tort, eft qu'on l'a accufé d'auoir plus trauaillé pendant qu'il a efté dedans Milan à femer des ialoufies, & nourrir des deffiances entre fon Maiftre & les Princes Italiens, qu'à gouuerner les peuples qui eftoient foubs fa charge : combien que toutes fortes de confiderations le deuffent porter à luy procurer leur amitié, fans regarder mefme à fa dignité : mais il a rompu toutes les difficultez que lon faifoit à fa reception, par la preuue concluante qu'il a fait, qu'il a vefcu en Italie comme vn monftre de nature, & que les actions qu'il y a faictes font autant de prodiges, n'y ayant iamais eu de Miniftre d'Efpagne en

Italie, qui ait esté ennemy de l'interest & du profit que luy : ainsi il a esté declaré digne de la demeure de Parnasse. Et dautant qu'Apollon l'auoit en opinion d'homme qui aymoit la Iustice, & qui haïssoit les medisans, parce qu'il sçauoit qu'il auoit purgé le Duché de Milan de ceste canaille, & qu'il en auoit remply les galeres d'Espagne, sa Maiesté luy a donné la surintendance sur les Poëtes Satyriques, auec pouuoir de punir certains Poëres, qui auoient l'impudence d'offenser l'honneur & la reputation des personnes constituees en dignité. Le grand Chancelier de sa Majesté a enuoyé au Comte de Fuentes dans vn bacin d'or, les Lettres patentes de sa reception, contenant tous les priuileges,

leges, honneurs, prerogatiues, &
profits accouſtumez ; toutesfois
auec vne reſtriction faite de la
main d'Apollon, qui eſt, que ſa
Maieſté commandoit abſoluëmét
de ne point ſortir de ſa maiſon
pour tout le mois de Mars.

Le Comte de Fuentes a eſté faſ-
ché de ce qu'Apollon auoit mis
ceſte reſtriction dans ſes Lettres; &
d'autant plus qu'elle ne ſe trouue
point dedans celles de Barthelemy
d'Aluiane, Pietre Nauarre, Antoi-
ne de Leue Marquis de Peſcaire, &
autres Capitaines Eſpagnols : &
partant il a ſupplié ſa Maieſté de la
faire rayer, mais ſes prieres ont eſté
inutiles; parce qu'Apollon luy a dit
qu'il n'en falloit plus parler, & que
ſi la charge qu'il auoit d'eſclairer le
monde luy pouuoit permettre de

P

se dispenser de faire son chemin ordinaire pendant le mois de Mars, il s'en abstiendroit volontiers, parce que ce mois a ceste mauuaise qualité, qu'il esmeut les mauuaises humeurs, & ne les peut resoudre: & partant qu'il ne pouuoit souffrir que pendant ce temps on vist dans Parnasse vne personne qui a la mesme qualité, & qui est subiect au mesme deffaut. Toutesfois ce refus n'a pas empesché les Espagnols de faire des feux de ioye, & de faire tirer l'artillerie pour la reception du Comte de Fuentes à Parnasse; car comme ceste nation ne manque iamais de faire monstre de ses aduantages, elle est aussi extremement artificieuse à cacher ses mescontentemens. Or pendant ces resioüyssances, il est arriué sur l'heure de minuict, ou enuiron, que la place où est assis le Palais de la Monarchie d'Espagne, estant pleine de Princes qui prenoient plaisir à ceste nouueauté: le Comte de Fuentes poussé ou par son genie seditieux, ou par son esprit fougueux & turbulent, ou par vn ressentiment particulier, ou pour troubler la paix d'Italie, s'est presenté pour declarer la guerre à ceux qui viuent dans les douceurs de la paix; & sortant de sa maison, il a voulu faire souffler vn petard au nez d'vn Prince Italien : mais le petard a pris si tost feu, qu'il luy a creué dans la main, & la flamme qui en est sortie luy a tellement gasté le visage, qu'il s'est absenté aussi tost de Parnasse, pour se faire penser de ceste bruslure en quel-

que lieu secret, ou comme disent
quelques vns, pour la honte qu'il
a eu que l'affront qu'il vouloit faire à autruy, soit retourné sur luy.
Mais la plus commune opinion
est, qu'il ne reuiendra pas en ceste
Cour, parce que ceste action luy a
fait perdre la gloire, & la reputation que le gouuernement du Milanois, & les entreprises de Flan-
dres luy auoient fait acquerir auec
tant de peine & de trauail.

Tous les Estats du monde sont repris de leurs deffauts à Parnaße.

CHAP. XXVIII.

E foing qu'Apollon a toufiours eu, que tous les peuples de l'Vniuers foient gouuernez par ceux qui font eftablis pour leur commander auec iuftice & equité, luy a fait faire il y a long temps vne loüable inftitution ; qui eft, que tous les ans on efcrit fur des petits billets les noms des principaux Potentats du monde, lefquels on met dedans vn vafe pour les faire tirer l'vn apres l'autre, & à mefure qu'ó les appelle, le Cenſeur des affaires Politiques leur repreſente, en la preſence du ſacré College des Lettrez, les deſordres & les abus qui ſe ſont gliſſez en leurs Eſtats, leſquels ils ſont obligez de deffendre par raiſons pertinentes, ou s'ils ne le peuuent, ils ſont tenus de les faire ceſſer dedans le terme d'vn mois. Ceſte inſtitution eſt cauſe d'vn tres-bon effect; car depuis qu'elle eſt eſtablie, les Princes ſe ſont corrigez de beaucoup de fautes qu'ils faiſoient auparauant, & la crainte qu'ils ont de rougir deuant tant de Princes qui ſe trouuent en ceſte aſſemblee, les retient en leur deuoir.

Doncques tous les Potentats de l'Vniuers s'eſtans preſentez deuant Apollon au iour ordonné, le Comte Baltazar Caſtiglion, Censeur Politique, commença à parler à Monsieur le Reuerendissime Iean de la Case, Nonce pour le sainct Siege en ceste Cour, lequel fut tiré le premier, & luy dit, que c'estoit vne chose pleine de scandale, & indigne de la Maiesté, & de la grandeur des Papes, de voir à Rome des familles, qui ayans peu de biens de patrimoine, trouuent moyen d'acquerir de tres-grandes richesses, en tesmoignant aux Princes estrangers qu'elles recognoissent estre mal affectionnez enuers le sainct Siege Apostolique, que leur faction est assez forte pour broüiller l'Estat de sa Saincteté, quand il leur plaira, adioustant que l'action la plus honteuse qu'il auoit veu de son temps, estoit celle que fit l'Empereur Charles le

Quint, lors qu'il donna au Cardinal Pompee Colonne la charge de
Vice-Roy de Naples, pour le loyer
de la felonnie qu'il auoit commiſe
contre le Pape Clement VII. Alors
Monſieur le Nonce demanda au
Comte Baltazar Caſtiglion , s'il y
auoit long temps qu'il n'auoit eſté
à Rome? Et le Comte luy ayant reſpondu qu'il y auoit plus de ſoixante & dix ans, il repliqua que s'il y re-
tournoit à preſent , il trouueroit
que la grande quantité de verjus
que lon auoit fait prendre aux
Pompees, Fabrices, Proſperes, Aſ-
cagnes de la maiſon des Colonnes, Virginies, & autres Barons
principaux de la maiſõ des Vrſins,
auoit tellement agaſſé les dents de
leurs deſcédans, qu'ils auoient meſme de la peine à aualer leur potage;

& que cela estoit aduenu par la prudence des Papes, qui se souuenans des entreprises qu'ils auoient faites de leur temps, auoient rendu ces Pauots qui estoient desia hauts comme des Cyprez, plus petits que des Nains. Ceste response ayāt contenté le Comte, il se tourna deuers l'Empire Romain, qui fut tiré le second, & luy dit que les desordres que lon voyoit dans toutes les terres patrimoniales de la maisō d'Austriche, & dedās toute l'Allemagne, estoient causez par la negligence de l'Empereur Rodolphe, & qu'il eût bien desiré que sa Maiesté Imperialle embrassast auec plus de soin le gouuernement de ses Estats, se souuenant que les Princes que Dieu a establis pour cōmander aux hōmes, ont sur les bras vne charge

tres-grande , & tres-importante.
L'Empire Romain remercia le
Cenfeur de fon bon aduis ; & luy
refpondit, que c'eftoit vne difgra-
ce commune à tous les Princes, d'e-
ftre accufez de negligence, lors que
lon voyoit des defordres dans leurs
Eftats, encore que lon recogneuft
que la puiffance de ceux qui s'e-
ftoient declarez contr'eux, rendoit
toute la prudence humaine vaine
& inutile ; que tout le monde fçauoit que la ruine de l'ancien patrimoine de la maifon d'Auftriche,
auoit efté caufee par la ialoufie que
tous les Princes d'Allemagne, d'I-
talie, & du refte de l'Europe auoiét
conceuë, de voir que cefte maifon
s'eftoit renduë Maiftreffe, foit par
alliance, ou par conquefte de la
Flandre, des Royaumes d'Efpagne,

de Naples, de Sicile, de Boheme, de Hongrie, de Portugal, & du Duché de Milan, que ceste monſtrueuſe fortune, à laquelle elle eſtoit montee, auoit fait former contr'elle vne faction ſi puiſſante, que les Empereurs qui ont ſuiuy Maximilian premier, encore qu'ils fuſſent eſgalement prudens & courageux, n'ont iamais peu remettre l'Allemagne dedans l'obeyſſance, ny y reſtablir l'ordre que ces grandes diuiſions en auoient banny; tous les appareils qu'ils ont appliqué à vn mal ſi violent, n'ayant ſeruy qu'à faire la playe plus grande qu'elle n'eſtoit, & à attirer tant de mauuaiſes humeurs, qu'elles ont fait perdre toute eſperance de gueriſon. De ſorte que par le malheur du temps, l'authorité des Empe-

reurs ayant esté reduite au neant
en Allemagne, ce seroit vne espece
d'induſtrie de les vouloir obliger à
ce qui eſt hors de leur puiſſance;
comme ce ſeroit ſe moquer d'vn
homme qui auroit les mains liees,
de luy preſenter vn luth pour le
prier de le toucher, ou de le mettre au milieu de ſes ennemis pour
l'obliger de combattre vaillam-
ment: qu'outre cela il falloit conſiderer quelle eſt la qualité de
l'Empire; parce qu'eſtant electif,
ceux qui doiuent l'obeyſſance y
ſont plus puiſſans que ceux à qui
il appartient de commander: &
d'ailleurs qu'il remettoit deuant les
yeux du College des Lettrez la
foibleſſe de la maiſon d'Auſtriche qui commande en Allemagne, laquelle a perdu le cœur &

l’affection de ſes ſubiects, par le moyen des mouuemens que l’hereſie a excité entr’eux. Maudite hereſie, qui corne par tout la reuolte, & qui faiſant ſecoüer le ioug de l’obeyſſance en tous les lieux où elle prend pied, a reduit l’Empereur moderne à l’extremité de voir la plus grande partie de ſes ſubiects ſouſleuez contre luy: & que ſi lon vouloit faire reflexion ſur la grandeur de la maiſon d’Auſtriche qui regne en Eſpagne, lon trouueroit que les peuples d’Allemagne qui ne peuuent viure en ſeruitude, voulans s’aſſeurer contre vne ſi prodigieuſe puiſſance, recherchent les moyens de l’abaiſſer, en exerçant contr’elle des vengeances collaterales ; & portant leurs armes

contre ceux-là mesmes qui ne seroient pas exempts de la tyrannie
des Espagnols, si par malheur ils
paruenoient à l'Empire de l'Vniuers, duquel par la grace de Dieu
ils se reculent d'autant plus qu'ils
employent d'artifices pour s'en ap-
procher : Et de fait, que ce sont les
Princes de la maison d'Austriche,
qui commandent en Espagne, qui
ont esté les premiers à deschirer la
Maiesté de l'Empire, par l'vsurpa-
tion qu'ils ont faite du final, & des
autres fiefs Imperiaux qu'ils tiennent en Italie, & ailleurs : par le
moyen dequoy les Espagnols
ayans excité de mauuaises humeurs
lesquelles ils n'ont peu resoudre, &
animé tous les esprits contre la maison d'Austriche ; ils ont suscité de
puissans ennemis aux Princes de

ceste maison qui regne en Allemagne, en quoy leur deſſein a reüſſi, qui n'eſtoit autre que de mettre tout le monde en trouble & en deffiance : & en fin qu'il ſupplioit le ſacré College, de conſiderer vn malheur qui n'eſt pas moindre que les precedens ; qui eſt, que le nouueau Empereur qui n'a point d'enfans, eſt chargé d'vn grand nombre de freres, l'vn deſquels pouſſé par les aiguillons de ſon ambition, n'a point fait de difficulté ces iours paſſez, de donner le branſle à ſa maiſon qu'il voyoit eſtre preſte à tomber par terre ; tous leſquels accidens ſont capables d'eſtourdir vn Prince auſſi ſage que Salomon. Le Cenſeur Politique, & tous les Vertueux, trouuerent que les excuſes de l'Empire Romain eſtoient legi-

times. C'eſt pourquoy le Cenſeur
addreſſa ſa parole à la Monarchie
de France, & luy dit, que tout le
College deſiroit qu'elle moderaſt
vn peu les eſprits capricieux, própts
& violens de ſes François, & qu'elle les fiſt deuenir auſſi prudens, &
retenus que les Italiens, & les Eſpagnols ; adiouſtant qu'il y alloit
de ſon honneur, de voir que le
Royaume de France, qui tient le
premier rang entre les plus grandes Monarchies du monde, eſt ha-
bité par des hommes extremement
fougueux & turbulens. Mais la
Monarchie Françoiſe reſpondit à
cela, que le Cenſeur eſtant mal informé des ſes intereſts, donnoit le
nom de vice, & de deffaùt, aux
principales vertus qu'elle aimoit en
ſes François, & blaſmoit en eux la
folie

folie, la legereté, & la promptitude, qui l'auoient renduë si puissante, & si redoutable : & à ce propos
elle luy dit, que les François s'ex-
posoient gayement, & auec vn
courage inuincible, à toutes sortes de hazards au moindre de ses
commandemens, & alloient librement aux occasions, où les autres
Princes estoient contraints de
pousser à coups de bastons leurs
subiects, sages, accorts, & circon-
spects; & que le grand nombre des
guerres qu'elle auoit fait à diuerses
nations puissantes, luy auoit apris
qu'vne armee composee de soldats
qui ont peu de iugement, & beaucoup de courage, & commandee
par vn general vaillant & aduisé,
estoit capable de vaincre ceux qui
faisoient profession de sagesse, &

Q

de prudence en toutes leurs actions.

La response de la Monarchie Françoise fut extremement loüee par le Censeur Politique, parce qu'il sçauoit que le Royaume de France est en soy infiniment puissant, & que les François possedent toutes les vertus qui sont necessaires pour fonder, accroistre, & maintenir vn grand Empire. Le Censeur s'estant apres cela adressé à la Monarchie d'Espagne, luy dit qu'il n'y auoit rien qui eust tant de puissance pour attirer les esprits des peuples, & principalement de ceux qui sont subiects aux nations estrãges, comme la douceur & la courtoisie de ceux qui sont establis pour les gouuerner, & qu'en cela elle faisoit vne grande faute, parce

qu'elle ne donnoit les charges de
Gouuerneurs de Naples, de Milan, & de Sicile, qu'à ſes Eſpagnols, leſquels viuans en ces pays
auec plus de grauité Caſtillane, &
d'orgueil Eſpagnol, que ne pourroient faire les Roys meſmes d'E-
ſpagne, rendoient leur gouuernement extremement odieux, & of-
fenſoient les meilleurs & plus fideles ſubiects qu'elle euſt en ſes
Eſtats d'Italie : & outre ce qu'il
eſtoit à deſirer qu'elle fiſt toutes ſes
affaires tant grandes que petites,
auec plus d'expedition & de
promptitude qu'elle ne fait, parce
que ſa longueur, & ſon irreſolu-
tion en la deliberation des affaires
d'importance, luy auoient fait perdre de belles occaſions d'accroiſtre
ſon Empire qui s'eſtoient preſen-

tees à elle. La Monarchie d'Efpagne apres auoir remercié le Cenfeur des confeils qu'il luy auoit
donné, dit pour s'excufer , qu'vn
homme prudent & aduifé, qui a
vne femme ieune & belle, mais na-
turellement portee à la defbauche
& à la liberté, doit mieux aimer
qu'elle ait de la haine, que de la
bonne volonté, pour vn valet de
bonne mine qu'il a en fa maifon:
& que quand à la longueur de fes
deliberations, elle cognoiffoit bien
qu'elle eftoit vicieufe , & qu'elle
luy faifoit tort, mais qu'il luy eftoit
impoffible d'y donner remede, parce que Dieu pour certaines caufes
que lon ne cognoift pas, ayant
creé fes Efpagnols d'vn naturel
tout contraire à celuy des François,
& les ayant fait tardifs & irrefolus,

au lieu que les François sont si
prompts, que par leur precipita-
tion ils ne mettét aucunes de leurs
deliberations en execution, on ne
pouuoit blasmer sa longueur, ny
l'irresolution qu'elle auoit en ses
affaires, dautant qu'en cela elle
obeissoit à la volonté de Dieu, qui
luy auoit donné ceste humeur tar-
diue. Cela fait, la SereniSsime Monarchie de Pologne ayant esté tirée, le Comte Baltazar luy dit, que
tous les Princes de l'Europe eussent bien desiré que le Roy Sigismond eust traicté auec vn peu
de rigueur sa NobleSse, qui
s'est depuis quelque temps sousle-
uée contre luy, & eust vsé enuers
elle de la seuerité que meritoit vne
telle faute, afin que la punition de
ceste reuolte empeschast desormais

que lon ne fiſt de pareilles entrepriſes. A quoy la Monarchie Polo-
noiſe reſpõdit, que le chaſtimét de
la Nobleſſe qui eſt neceſſaire en vn
Eſtat hereditaire, eſtoit dangereux
en vn Royaume electif, & que les
Roys qui ſont obligez de leur eſle-
ction à leur Nobleſſe, ne pouuoient ſans ſe mettre au hazard de
perdre leur couronne, les traiter
auec la meſme rigueur, que les
Princes qui viennent à leurs Eſtats
par ſucceſſion ; parce que dans les
Royaumes electifs, ceux qui ont
le pouuoir d'eſlire le Prince auquel
ils doiuent obeyr, en donnant le
commandement à celuy pour qui
ils ont de l'inclination, retiennent
touſiours par deuers eux les inſtru-
mens qui ſont neceſſaires pour re-
uoquer ce qu'ils ont fait, lors que

celuy qu'ils ont esleu ne leur donne pas la satisfaction qu'ils espe-
roient de son gouuernement : &
que le Roy Sigismond qui regnoit
en Pologne, estant le premier de
sa maison qui a tenu cest Estat, il
deuoit faire tout ce qui estoit en
luy, pour acquerir par douceur, &
par bons traictemens, la bonne
volonté de sa Noblesse, afin de
conseruer à ses enfans la succession
de ce Royaume, en laissant à ses
subiects par les effects de sa clemence, vne bonne odeur de son
regne, & de son nom : que ce conseil estoit d'autant plus important
au Roy Sigismond, que les Polonois en faisant l'ellection de leurs
Roys, iettoient ordinairement les
yeux sur ceux du sang Royal, lors
que leurs Princes auoient vescu

auec douceur & moderation, &
s'eſtoient acquis par leurs vertus
la bienueillance de la Nobleſſe,
honorans ainſi en la perſonne des
enfans le merite des peres, & con-
firmans par leurs ſuffrages l'ordre
de la ſucceſſion: & que côme ceſte
nation ne peut demeurer en pleine
liberté, ny ſouffrir vne entiere ſeruitude, ſes Roys deuoiét s'efforcer
de gaigner ſa bône volonté, en fei-
gnant qu'ils ne voyoient pas, &
en teſmoignant qu'ils ne vouloient pas ſçauoir toutes choſes;
parce que la diſſimulation, & la
conniuence, ſont les armes auec
leſquelles les Princes doiuét pouruoir à leur ſeureté dans les Royaumes electifs. Ceſte iuſtification fut
trouuee excellente, tant par le Cenſeur, que par le ſacré College des

Vertueux. Et en fuite la Monarchie Angloife ayant efté tiree, le Cenfeur luy dit auec vn vifage vn peu efmeu, & neantmoins auec des paroles pleines de douceur, que la prudence & la fageffe eftoient plus neceffaires aux Princes, qu'à toutes autres perfonnes, à caufe du gouuernement des hommes qu'ils ont entre leurs mains; & que comme la crainte de Dieu eft le principe de toute la fageffe humaine, on ne pouuoit pas efperer vn bon gouuernement de celuy qui s'eftoit tellement oublié, que de tourner le dos à Dieu: & partant qu'il la fupplioit de faire fçauoir à Iacques fixiefme, maintenant Roy de la grande Bretagne, que le precepte Politique que l'Angleterre, & l'Efcoffe ont mis effrontémét en

vſage d'accommoder la conſcience au deſir ambitieux de regner, &
de ſe ſeruir de la Religion pour attirer l'affectió des peuples, eſtoit vne
certaine maxime d'Eſtat que les anciens n'auoient pas recogneuë, ou
n'auoient pas voulu practiquer, à
fin de ne point cómettre vn ſi grãd
crime contre la Maieſté de Dieu:
que cela luy deuoit faire apprehender les horribles calamitez qui ſont
arriuees à l'Empire Grec, lequel
ſurpaſſoit de beaucoup l'Angleterre en eſtenduë de domination, en
multitude de ſubiets, en puiſſance,
& en richeſſes, & neantmoins pour
auoir quitté l'vnité de l'Egliſe Catholique, & fait vn ſchiſme en la
Religion, en refuſant de recognoi-
ſtre la primauté du S. Siege Apo-
ſtoliq. a eſté tellemét abandóné de

Dieu, que maintenant on le voit
esclaue de la plus vile & barbare
nation qui de la memoire des hommes ait iamais cómandé ſur la terre:
que ce qui deuoit principalement
l'obliger de ſe recócilier auec Dieu,
eſtoit qu'eſtant Seigneur de deux
Royaumes ennemis, il luy eſtoit
impoſſible ſás vne particuliere grace de Dieu, d'eſtablir vne bóne vnió
entre ces deux couronnes, & qu'au
lieu d'appaiſer la colere de ſa Maieſté diuine, il l'excitoit tous les iours
dauantage contre luy, employát la
plus grande partie de ſon loiſir dás
les diſputes de la Religion, à deffendre les erreurs de la ſecte dont il
fait profeſſion. La Monarchie An-
gloiſe ne reſpondit à ceſte rude &
iuſte cenſure que par les larmes.

Le Comte s'eſtant apres cela
tourné deuers l'Empire des Otho-

mans, il luy dit qu'il n'y auoit personne qui ne iugeast que c'estoit
vne action barbare, de faire mourir sur de foibles soupçós les principaux Ministres de son Estat,
comme il faisoit ordinairement, &
que dans les Royaumes bien re-
glez on ne mét iamais la main sur
les hommes qui ont rendu des ser-
uices signalez, & qui se font rendus
recommandables par leur merite,
s'ils ne sont preuenus de grands
crimes, & si la preuue n'est bien
forte contr'eux, & qu'encoresque
les Princes Othomans peussent
iustement oster la vie à leurs Ministres, il y auroit tousiours de l'in-
iustice de confisquer leurs biens, &
en priuer leurs enfans, comme ils
ont accoustumé; parce qu'il semble qu'ils exerçent plustost ceste ri-

gueur contr'eux pour les defpoüiller de leurs richeffes, que pour les
punir des fautes qu'ils ont faites.

L'Empire Othoman refpondit
à cefte remonftrance, auec vne
grauité merueilleufe, difant que
deux chofes l'auoient porté à la
grandeur où il eftoit monté, fçauoir fa profufion à donner des recompenfes à ceux qui l'auoient
bien feruy, & fa rigueur à punir
ceux qui auoient entrepris contre
fon authorité,& que le fondement
de la paix, & du repos de toutes les
Republiques, eftant appuyé fur la
fidelité des premiers & principaux
Miniftres, les Princes deuoient
amorcer leurs fubiects par l'efperance des recompenfes,& deftour-
ner les rebellions par la feuerité des
chaftimens, & qu'en ce qui regar-

de les perſonnes des Miniſtres d'E-
ſtat, les ſoupçons font les crimes;
parce que comme ils ont en leur
puiſſance les armes, le Prince, & le
gouuernemét de l'Eſtat, ils ne peu-
uét faire de petites fautes ; tellemét
qu'en ce cas, le Prince ne ſe doit pas
arreſter à ouyr des iuſtifications,
mais pour faire ſes affaires aſſeuré-
ment, doit s'efforcer de ſurprendre
ſon Miniſtre, & faire en ſorte que la
punition precede l'accuſation, parce que ſouuent il eſt aduenu que
par ce moyen on a empeſché l'execution des trahiſons qui ſe tra-
moient contre l'Eſtat, & qu'encores que ceſte maxime ſoit pleine de
rigueur, elle a neantmoins bien
reüſſi à ceux qui l'ont priſe à propos, & a empeſché que lon n'ait
veu dans ſes Eſtats mille monſtres

d'infidelité que l'on a veu ailleurs,
à la honte des Princes qui n'ont
pas eu le courage de preuenir par
vne bonne resolution des crimes
si meschans, ou qui n'ont pas sçeu
que les Ministres qui donnent le
moindre soupçon à leurs Maistres,
sont dignes de mort, & que ceux
qui ont la charge des armees, &
les forces de l'Estat entre leurs
mains, sont obligez de viure auec
autant de candeur & de pureté,
que les femmes des hommes
d'honneur, lesquelles doiuent
estre exemptes non seulement de
faute, mais aussi de tout soupçon
d'impudicité.

Que pour ce qui regarde le second poinct de son accusation, &
de la Censure proposee contre luy,
il peut dire veritablemét qu'il n'y a

point de comparaison entre les
prefens qu'il fait à fes fauoris, & les
dons que font les autres Princes,
que les richeffes qu'il diftribuë à
ceux qui l'ont bien feruy, font fi
grandes, qu'elles fe peuuent efga-
ler aux trefors de beaucoup de
Roys, comme lon a veu par les
grands biens que Ruftin, Mehe-
met, Ibrahin, & plufieurs autres,
ont laiffé apres leur mort; & que
comme les Princes doiuent principalement pourueoir à ce qu'ils ne
puiffent receuoir de dommage de
leur liberalité, & que les grands
biens, au prix defquels ils achetent
la fidelité de leurs fubiects, ne
foient point employez à leur ruine
par les heritiers de ceux qu'ils ont
voulu gratifier. Il luy femble que
c'eft chofe pernicieufe, de permet-

tre

tre que les enfans succedent aux
grandes richesses que leurs peres
ont acquis par leur merite , si de
leur part ils n'ont obligé leur Prince par leur vertu, & par leurs serui-
ces, de les laisser en la possession des
biens dont leuts peres ioüissoient;
parce qu'à faute d'auoir tenu ceste
maxime, diuers desordres sont ar-
riuez dans les Estats des autres Potentats, lesquels ne se peuuent euiter que par l'exercice de ceste rigueur; & ainsi que c'est mal iuger
de ses actions, de croire qu'il con-
fisque les biens de ses Bassas par
auarice, puis qu'au contraire il pa-
roist assez que ce qu'il en fait est
pour empescher l'oisiueté, & de-
stourner du vice ceux que la naif-
sance doit obliger à l'amour de la
vertu, afin que se monstrans heri-

R

tiers de la valeur de leurs peres, ils puiſſent meriter de ioüir des biens qu'ils poſſedoient, en faiſant des actions dignes de ſa liberalité, laquelle tient touſiours la porte de ſes treſors ouuerte aux enfans de ſes Miniſtres, pour leur rendre au double les richeſſes de leurs peres, lors qu'ils auront teſmoigné leur affection à ſon ſeruice, & leur fidelité, adiouſtant que l'exemple de ce qui s'eſtoit nouuellement paſſé en France, & en Flandre, faiſoit aſſez cognoiſtre combien les grandes richeſſes entre les mains d'vn homme vitieux, & d'vn ſubiect qui a de l'ambition, ſont capables de troubler la paix publique d'vn Eſtat.

L'Empire Othoman eſtant ſur ce diſcours, remarqua que la Sereniſ-ſime Monarchie Frãçoiſe ſecoüoit la teſte, pour teſmoigner qu'elle

n'aprouuoit pas ſes maximes. C'eſt
pourquoy il luy dit auec vn peu
d'eſmotion: Sereniſſime Reyne, la
couſtume que i'ay d'oſter les biens
à mes Baſſas eſt vtile à ma grádeur,
& au repos de mon Eſtat,& ie vou-
drois pour l'amitié qui eſt entre
vous & moy, qu'elle ſe fuſt pratiquee en voſtre France, car elle euſt
empeſché vn de vos Princes d'vſer
mal des grandes richeſſes que ſon
pere tenoit de la liberalité des Roys
François premier, & Henry ſecond : & vrayement ce Prince là
n'a que le malheur qu'il merite
qui nourrit des ſerpens dans ſon
ſein, & qui pour ne ſçauoir pas
vſer d'vne iuſte ſeuerité, eſt cruel
contre luy meſme. Vous ſçauez
auſſi bié que moy, qu'il n'y a rié au
monde de ſi doux que la Royauté;

& puis que c'eſt choſe aſſeuree qu'il
n'y a point d'homme, qui pour regner, ne miſt librement ſa vie au
hazard, les Princes doiuent ſoi-
gneuſement fermer tous les paſſa-
ges par où lon peut entreprendre
ſur l'Eſtat, & deſtourner par leur
rigueur les eſprits de leurs ſubiects,
de toutes penſees ambitieuſes , &
eſtablir ſi bien leurs affaires, que
les particuliers perdent l'eſpoir
d'atteindre iamais à la ſouueraine-
té : & ie vous dis librement que ſi
ce Prince euſt ſeulement ſongé
dans mon Eſtat, à ce qu'il a fait
auec tant de ſcandale dedans voſtre
France, dés le premier iour ie luy
euſſe ioüé le tour auquel l'vn de
vos Roys ne ſe peut reſoudre qu'à
toute extremité, encores qu'il y
fut pouſſé par la plus grande partie

des Princes d'Italie : car depuis que
l'ambition se glisse entre la Noblesse, les Princes sont obligez d'e-
stre pleins de rigueur pour punir les
seditieux, & d'ouurir leurs tresors
pour recompenser ceux qui les seruent auec fidelité : en fin celuy-là
est indigne de commander, qui n'a
pas l'esprit de se faire obeyr ; comme aussi ne peut-on rien voir de
plus mauuais exemple en vn Estat,
qu'vn Prince qui est en deffiance
de son subiect, & vn subiect qui
donne de la ialousie à son Maistre,
au lieu que sa dignité le deuroit faire trembler. Mais vous autres Princes d'Europe, qui faites profession
d'auoir la cognoissance des Lettres, & de viure par les regles de la
vraye Politique, vous m'appellez
Barbare, & nommez les rigueurs

de mon gouuernement tyranni-
ques, & vous preferez à voſtre ſeureté les vertus heroïques de la clemence, & de la douceur, qui quelquesfois vous reduiſent à la neceſſité d'endurer des choſes hóteuſes.

Il n'eſt pas poſſible de repreſenter combien le diſcours de l'Empire Othoman offenſa tous les Vertueux ; car pour luy teſmoigner le
deſplaiſir qu'il luy auoit donné, ils
ſe leuerent de leurs ſieges, & luy dirent tous en colere, qu'il leur eſtoit
bien facile de monſtrer par la force
de la raiſon, que tout ce qu'il auoit
dit eſtoit meſchant, & indigne de
ſortir de la bouche d'vn homme de
bié, & d'eſtre eſcouté par des perſó-
nes qui font profeſſion d'hóneur.

A quoy l'Empire Othoman repliqua en ſouſriant, qu'en ce qui
eſtoit du gouuernement Politique,

il falloit affubiettir les actions morales à la maxime d'Eftat, & que la
paix & le repos public, deuoit eftre
preferé à tous autres interefts.

Alors le Cenfeur voulant empefcher la continuation d'vne difpute
fi odieufe, fe tourna vers le grand
Duché de Mofcouie, & luy dit que
la principale grandeur d'vn Prince,
eftoit d'auoir des fubiects qui fiffent eftat des bonnes lettres, & de la
vertu, & que le foin qu'il prenoit de
faire viure fes peuples dans l'igno-
rance, luy donnoit fort mauuaife
reputation par tout le monde, parce que chacun fe mocquoit de ce
qu'il auoit banny les arts liberaux
de fon Eftat, & de ce qu'il permettoit feulement à fes peuples d'apprendre à lire, & à efcrire.

Le Duché de Mofcouie refpondit

à ceste Cenſure, que la cognoiſſance qu'il auoit des troubles que
les Lettres auoient ſemé dans les
Eſtats où elles auoient eſté receuës,
l'auoit fait reſoudre de les bannir
de ſes terres, iugeant que c'eſtoit
vne grande folie à vn Prince qui a
vn grand peuple ſoubs ſon gouuernement, de luy permettre de
s'employer à l'eſtude des Lettres,
leſquelles le tirant de l'eſtat de l'in-
nocence auec laquelle Dieu l'a fait
naiſtre, luy donnent l'inuention
de s'armer, pour ſe ſouſtraire de
l'obeyſſance, à laquelle par ſa naturelle ſimplicité, il ſe laiſſe aſſubiettir : & que comme la chaleur eſt la
propre qualité du feu ; le vray & ordinaire effect que produiſoient les
Sciences, eſtoit de transformer les
ſimples brebis en renards fins &

rufez; & que fon opinion eftoit,
que fi les Allemans, Holandois &
Irlandois, fuffent demeurez dedans l'ancienne fimplicité, & fi
leurs Princes euffent empefché que
ces nations n'euffent infecté leurs
efprits de la pefte des Lettres Grec-
ques & Latines, ils n'euffent iamais
eu le iugement de former des Republiques fi parfaites, qu'elles fur-
paffent l'efprit de Solon, la fageffe
de Platon, & toute la Philofophie
d'Ariftote, à la ruine de l'ancienne
Religion, & des Princes qui com-
mandoient auparauant à ces belles
Prouinces.

Cefte refponfe troubla infiniment le Cenfeur, & tout le facré
College des Lettrez; & de fait ils
repliquerét auec vn vifage enflam-
mé, qui tefmoignoit leur efmo-

tion, que les raisons du grand Duc de Moscouie estoient pleines de blasphemes; & mesme il sembloit que les Vertueux voulussent tesmoigner par effect leur ressentiment: car la colere les auoit tellement eschauffez, qu'ils ne perdirent pas courage, encores qu'ils vissent que les plus puissantes Monarchies mettoient les mains aux armes pour deffendre le Moscouite, lequel se voyant assisté par tant de Potentats, deuint plus insolent, & dit tout haut, que celuy qui voudroit soustenir que les Lettres ne troublent point le repos des Estats, & qu'il n'est pas plus facile de gouuerner vn milion d'ignorans, que cent hommes de lettres, plustost naiz au monde pour commander, que pour obeïr, en auoit menty.

Ce genereux dementy fit monter le feu au visage de tous les Vertueux, lesquels dirent courageuse-
ment que le Moscouite auoit parlé
insolemment, & en ignorant, &
qu'il leur estoit bien facile de luy
prouuer que les hommes despour-
ueus de la cognoissance des lettres,
estoient des asnes, & des bœufs à
deux iambes.

Ils estoient prests d'en venir aux
mains, quand le Censeur leur
cria, Arrestez-vous, rendez à ce
lieu le respect qui luy est deu, nous
y sommes assemblez pour corriger
les desordres, & non pas pour faire
de nouueaux scandales; & aussi
tost chacun porta tant de respect à
la maiesté du Censeur, que les Princes & les Lettrez appaiserent la colere, & le despit qui les animoit les

vns contre les autres.

Il ne faut pas oublier que le Serenissime Duc Durbin, qui auparauant estoit assis au banc des Princes, se mit du costé des Vertueux
en mesme temps qu'il vit la querelle formee, & que s'estant placé
au premier rang, il tesmoigna qu'il
estoit resolu de deffendre les arts liberaux, en peine de perdre son
Estat.

Ainsi le bruit estant appaisé, le
Censeur dit à la Serenissime liberté
Venitienne, qui fut apres tirée du
vase, que la plus grande difficulté
qui se rencontroit au gouuernement des Aristocraties, estoit de
tenir en bride les ieunes Gentils-
hommes, & qu'il estoit bien souuent aduenu que la licence qu'ils
prenoient de desobliger les princi-

paux Bourgeois , auoit auancé la
ruine des Republiques mieux po-
licees, & que la crainte d'vn pareil
euenement luy faiſoit entendre
auec deſplaiſir, que la ieune Nobleſſe Venitienne par ſes façons de
faire ſuperbes & orgueilleuſes, offenſoit quantité de perſonnes
d'honneur, & d'honorables Bourgeois demeurans dans les villes de
la domination de ceſte Republique, & qu'il y en auoit qui ſe plaignoient de ce qu'à toute heure l'in-
ſolence de la Nobleſſe augmen-
roit, & les chaſtimens diminuoiét,
choſe tres-dangereuſe en vne Ari-
ſtocratie, dont le gouuernement
doit eſtte exempt des oppreſſions
auſquelles ſont ſubiects ceux qui
viuent dans vne Monarchie ſoubs
l'obeïſſance d'vn Prince ſouuerain.

A cela respondit la Sereniffime liberté Venitienne, que le desordre remarqué par le Cenfeur, eftoit veritable & dangereux, mais que lon voyoit ordinairement l'orgueil, & l'infolence, attachee à la puiffance, & à l'authorité du commandement; & que tous ceux qui auoient parlé des Republiques, auoient bien iugé qu'il eftoit impoffible d'empefcher la Nobleffe de viure licentieufement auec les Bourgeois, & que c'eftoit vne maladie dont la guerifon eftoit defefperee; parce qu'encores qu'il fuft bien à propos de punir feuerement telles infolences, d'autre cofté on auoit eftimé que dans les Ariftocraties on ne deuoit punir publiquement les Gentils-hommes que le moins que lon pouuoit, bien qu'ils fuſſent ſeditieux, afin de ne point donner aux peuples mauuaiſe impreſſion de la Nobleſſe, laquelle ayant entre les mains le gouuernement de l'Eſtat pour l'intereſt de la conſeruation de la liberté, doit touſiours eſtre maintenuë en tres-bonne reputation: & que ſi lon ne voyoit pas dans la ville de Veniſe auſſi ſouuent, qu'il ſemble que beaucoup deſireroient, faire punition des plus inſolens en la place de ſainct Marc, & entre deux colonnes, les fautes ne demeuroient pas pourtant ſans chaſtiment, parce que les Magiſtrats qui ont le pouuoir de diſtribuer les charges, ont accouſtumé de punir ceux qu'ils deſcouurent eſtre portez à la tyrannie par des refus honteux,

qui bleſſent tellement la reputation de ceux qui les reçoiuent, qu'il
y a des Gentils-hommes de maiſon bien ancienne, qui ayant vne
fois eſté rebutez, n'ont iamais peu
reuenir aux honneurs & aux dignitez, ce qui eſt vn tres-grand
ſupplice dans les Ariſtocraties, où
la Nobleſſe n'a point d'autre ambition que de paruenir aux charges
publiques. De ſorte que la plus
grande peine que puiſſe ſouffrir vn
Gentil-homme Venitien, c'eſt de
voir que le Senat en la diſtribution
des charges , luy fait perdre ſon
rang, pour faire paſſer deuant luy
vn autre Gentil-homme plus ieune que luy , en conſideration de
ſon merite.

Le Cenſeur admira la prudence
de l'Illuſtriſſime liberté de Veniſe,

&

& loüa la sagesse auec laquelle elle se gouuernoit pour punir sa Noblesse quand elle auoit failly.

Et incontinent apres il dit au Duc de Sauoye, que son Estat estant assis entre la France & l'Italie, il estoit obligé de demeurer neutre entre les Princes desquels il confinoit les terres, & qu'aux derniers mouuemens de France, ayant ouuertement pris le party Espagnol, il auoit mis en peine & en danger son Estat, & celuy de tous les Princes Italiens ; & qu'il deuoit bien se persuader que le feu qu'il nourrissoit en France, poussé du mouuement de l'ambition Espagnole, enseueliroit dedans ses flammes ses amis, & ses parens, auant que de s'attacher aux autres Princes Italiens.

S

Le Duché de Sauoye respondit
incontinent au Censeur, que si
son dernier Duc auoit pris le party
Espagnol, il auoit eu vne si belle esperance en se voyant trois sept en
main, qu'il auoit creu estre obligé
d'aller de son reste, se promettant
de rencontrer la plus belle premiere
qui iamais soit venuë à aucun autre
Prince; & s'exposant au hazard du
ieu d'autant plus volontiers qu'il
sembloit qu'il fust raisonnable que
ce qui auoit esté gaigné au ieu
s'y perdist, & que si depuis il
luy estoit entré par malheur en sa
quatriesme carte vne figure, qui
luy auoit faict faire le plus mauuais poinct qui fust en tout le ieu
des cartes, il sçauoit bien que les
plus grands ioüeurs eussent eu la
mesme esperance, & eusseut ioüé

de la mesme façon.

Le Censeur entendit bien ce que le Duché de Sauoye vouloit dire, & loüa la genereuse resolution de ce Duc, lequel par vne action pleine de gloire, & de prudence, mit au hazard la grandeur de sa fortune, pour conioindre ses interests auec ceux d'vn Prince, par la mort duquel il estoit habile à recueillir la succession de la plus grande partie du monde.

Le Censeur se tourna en suite deuers le grand Duché de Toscane, & apres l'auoir repris de ce qu'il prouoquoit tous les iours l'ennemy de la Chrestienté, par le moyen des courses que faisoient ses galeres, il luy mit deuant

les yeux les malheurs qui estoient
arriuez aux Cheualiers de sainct
Iean de Ierusalem à Rhodes, & à
Tripoly, & le danger auquel ils se
sont trouuez nouuellement à Mal-
te, pour auoir entrepris sur luy mal
à propos, & sans aduantage, l'ad-
uertissant que les Princes Chrestiens feroient mieux d'entretenir le Turc dedans la paresse, & la
poltronnerie qui le tient maintenant, que de l'esueiller par des entreprises de peu d'importance, &
qui peuuent causer du mal à autruy ; & par ce moyen l'obliger
de penser à se faire fort sur la mer
comme il estoit autresfois. Il luy
representa encore, qu'vn nombre
infiny de peuples se plaignoit, de
ce que l'empeschement que ses armes apportoient au trafic des mar-

chandiſes du Leuant en Italie, auoit fait infiniment encherir toutes les drogues qui venoient d'outre-mer.

A quoy reſpondit le grand Duché de Toſcane, que la puiſſance d'vn Prince ne pouuoit eſtre parfaicte s'il n'auoit quantité de vaiſſeaux de guerre ſur la mer, & que ſes galleres eſtoient infiniment neceſſaires pour maintenir l'Eſtat de la Toſcane, & toute l'Italie en liberté ; parce qu'il en ſortoit de bons hommes de mer, des Capitaines excellens, & de tres-ſçauans Pilotes : que de verité il recognoiſſoit que ſes armes empeſchoient le trafic, mais qu'il falloit conſiderer que la guerre ne ſe pouuoit faire ſans incommoder quelqu'vn, & que ſes

subiects estans d'vne humeur ennemie du repos ; il estoit obligé
d'employer ses galeres pour purger son Estat des esprits broüillons
qui le pouuoient troubler, se ser-
uant pour hommes de rames , de
ceux qui auoient desia merité la
mort, & pour soldats, de ces esprits turbulens qui pourroient se
le porter à faire pis. Le Censeur, &
le sacré College receut auec ap-
plaudissement l'excuse du grand
Duché de Toscane.

Et apres le Comte s'adressant
à la Serenissime liberté de Genes,
qui fut tiree la derniere , il luy
dit que l'vsage du change qu'elle permettoit à sa Noblesse, estoit
cause que les particuliers s'enri-
chissoient à la ruine du public, &
que le profit qui viendroit d'vn

trafic legitime , feroit plus honorable, & fuffiroit pour leur faire
acquerir de tres-grands biens : &
finalement que fi elle venoit à deffendre le change à fes fubiects,
elle en tireroit vn grand aduantage ; parce que par ce moyen fa Nobleffe quitteroit l'intelligence que
elle a auec les Efpagnols, laquelle
luy donne fi mauuaife reputation
dans le monde.

La liberté de Genes refpondit
auec vne promptitude qui contenta tous les Lettrez, que de verité le
change produifoit les effects que le
Cenfeur auoit remarquez , & que
l'vfage en eftoit tres - dangereux
dans les Monarchies, mais que dans
vne Republique bié policee, il pouuoit eftre permis à la Nobleffe fans

crainte que le public en receuſt du dommage; parce que les biens des particuliers ſont les plus riches tréſors, que poſſedent les Eſtats qui viuent en liberté. Et au contraire, dans les Monarchies, le domaine des Princes, & des ſubiects, n'a rien de commun; & d'ailleurs les peuples n'ont point d'intereſt aux changemens qui arriuent aux Eſtats Monarchiques ; parce que le Prince ne meurt iamais, & que quand l'vn eſt decedé, l'autre entre en ſa meſme authorité, & ne fait que changer de nom : mais dans les changemens des Republiques, la ſeruitude ſuccede ordinairement à la liberté. Tellement que les particuliers, pour l'intereſt de leur conſeruation, ne font point de difficuté d'employer tous leurs biens pour soulager les necessitez publiques.

Et pour le regard de l'intelligence que sa Noblesse a auec les Espagnols, elle supplia le Censeur de bien considerer à qui elle fait plus de mal, ou aux Espagnols, ou aux Geneuois; & elle l'asseura que tout le profit luy en reuenoit, & que les Espagnols n'en pouuoient tirer aucun aduantage.

La Monarchie d'Espagne pre-
sente la charge de Secretaire
d'Estat au Cardinal de To-
lede, lequel la refuse, & dit
les raisons qui le portent à
faire ce refus.

CHAP. XXIX.

IL a couru vn bruict en ceste Cour, que la puissante Monarchie d'Espagne a voulu faire l'Illustris-sime Cardinal de Tolede, son Secretaire d'Estat, & qu'elle luy a offert vn bon appointement pour entrer dans son Conseil, en qualité de Theologien, afin qu'il ne s'y de-

libere rien contre sa conscience, ce
qui a causé vn estonnemét general
en ceste Cour; parce que chacun
sçait que ce Prelat ne fauorisa au-
cunemét les desseins de son Prince,
lors de l'absolution du Roy Tres-
Chrestien Henry IV. Tellement
qu'ó ne peut s'imaginer pourquoy
vne Princesse si sage, & si accorte en
vn affaire si importante, a voulu se
seruir d'vn Ministre si peu cófident.

Ceux qui font profession de cognoistre mieux le procedé de la nation Espagnole, ont recogneu en
ceste deliberation la prudence des
Roys d'Espagne, lesquels ne s'ar-
restent iamais iusques à ce qu'ils
ayent attiré à eux par pensions,
charges, tesmoignage d'amitié, &
autres artifices, ceux qu'ils recognoissent estre d'affection cótraire
à leurs desseins, & dont auec le téps

ils peuuent tirer du seruice : &
les plus confidens de ce grand
Cardinal disent, qu'il accepta auec
allegresse la charge qui luy fut presentee, mais auec vne condition
que les Espagnols ne voulurent
pas receuoir, qui est que s'il pouuoit monstrer au Conseil du Roy,
par l'authorité de la saincte Escri-
ture, par la doctrine des saincts
Peres, & par la disposition Cano-
nique, que les resolutions que lon
y prenoit estoient contraires à la
Loy de Dieu, & des hommes, il
vouloit auoir luy seul, le pouuoir
d'en empescher l'execution, afin
que le monde vist que ce qu'on
appelloit vn Theologien en ce
Conseil estoit à bonne fin, &
qu'on ne l'y faisoit pas entrer
pour authoriser les vsurpations

des Royaumes; mais pour regler la conscience de son Prince selon la volonté de Dieu, luy semblant que c'estoit vne chose honteuse qu'vn homme de sa qualité fust employé pour establir la diabolique impieté de la nouuelle maxime d'Estat, & pour faire prendre aux foibles esprits les choses plus puantes, pour musc de Leuant.

Apollon reiette la proposition qui luy est faicte pour trouuer de l'argent.

CHAP. XXX.

IL y a auiourd'huy si peu d'argent dás tout l'Estat de Parnasse, que non seulement l'espargne de sa Maiesté, & les tresors des plus gráds Princes de ceste Cour, mais mesmes les Gentils-hómes, les marchans, & les artisans, en reçoiuent vne tres gráde incommodité. C'est pourquoy sa Maiesté commit il y a quelque temps, les Intendans de ses fináces, & autres personnes, pour aduiser ce

que lon deuoit faire pour remedier
à ce defordre: & ces Deputez s'eftás
affemblez, apres auoir longuement
deliberé fur cet affaire, ont efté
d'aduis qu'il falloit obferuer à Parnaffe, la couftume qui eft introdui-
te en Italie, dans les Eftats de beaucoup de Princes, de vendre les reuenus publics aux particuliers, en
payant par les acheteurs l'honnefte
intereft de fix pour cent, & de permettre aux particuliers de prefter
leurs deniers, en prenant le proffit
de huiſt pour cent.

Ce party ayát efté propofé à Apollon, il le trouua fort mauuais, le iugeant pernicieux tát au public, que
aux particuliers, & dit qu'il ne vouloit pas engager les reuenus publics
de só Eftat, & par cefte actió dóner
fubieſt aux autres Princes d'aliener

pendant leur vie leur domaine, lequel ils sont obligez de transmettre à leurs successeurs, comme ils l'ont receu de leurs predecesseurs; dautant que par ce moyen, non seulement on aduançoit la ruine des Estats, mais aussi on laschoit la bride à l'auarice, & à la malice des Princes, qui regnans dans les Royaumes electifs, où n'ayans point d'enfans, ny heritiers de leur sang, qui leur puissent succeder dans les Royaumes hereditaires, pourroient diuertir les finances, qui sont les vrays arsenals des Monarchies, & dont la diminution a causé l'affoiblissement des Estats des Princes, qui pour leur interest particulier ont donné cours à vn si grand desordre.

Et à ce mesme propos, Apollon adiousta

adioufta, qu'en beaucoup de lieux on auoit fort augmenté les leuees fur le peuple ; parce que les Princes auoient trouué leur domaine engagé par leurs predecef-feurs, & que pour pouruoir aux neceffitez de leurs Eftats, & aux affaires particulieres de leurs maifons, ils auoient efté contraints malgré eux, d'introduire de nouuelles fortes d'impofitions, & d'en charger leurs peuples, quoy qu'à peine ils peuffent fatisfaire au payement des tailles ordinaires.

Qu'il eftoit bien à craindre que quelque iour cet abus ne caufaft vn grand malheur ; parce que les Princes ne pouuans plus charger leurs peuples fans dáger de voir vn foufleuement general de tous leurs fubiects, fe verront contraints de

T

rentrer de leur authorité dans leur domaine, & d'en defpoüiller ceux qui en ioüiffent, authorifant leur violence de ce feul moyen, que leurs predeceffeurs ne le pouuoient engager au preiudice de l'Eftat.

Et que les Royaumes eftans fujects de receuoir la loy des victorieux, s'il arriuoit qu'vn Eftat dont le domaine fut ainfi aliené, vint à eftre vfurpé par quelque Potentat, il auroit vn pretexte d'arrefter le payement des rentes deuës par le Prince aux particuliers, & de ruiner par ce moyen vn nombre infiny de pupilles, vefues, & autres perfonnes miferables qui n'auroient point d'autre bien que celuy-là.

Et qu'il fçauoit que c'eftoit chose si commune aux Princes, d'aliener les reuenus publics, qu'il s'en trouuoit plusieurs qui malicieusement auoient ruiné par ce moyen leurs Estats, nommans vne si mauuaise action, prudence Politique, & se seruans de ceste meschanceté pour affoiblir dans les Estats electifs, vn successeur qui sera peut-estre ennemy de leur maison, & dans les Estats hereditaires, celuy qui succedera à leur couronne, parce qu'il n'est pas de leur sang.

Et finalement Apollon dit, que c'estoit chose de mauuais exemple, que les particuliers peussent achepter des rentes sur leur Prince, & tirer des interests de leurs deniers hors du trafic, & de la marchandise ; parce que les hommes

estans naiz pour viure de leur trauail, & de leur induſtrie, & pour
labourer la terre: il ne leur faut pas
donner le moyen de tirer des
vſures de leurs deniers, qui de leur
nature ne peuuent produire aucun
intereſt legitime, parce que cela ne
ſert qu'à ruiner les hommes qui
ont de l'eſprit, & de l'induſtrie, &
à engraiſſer les vſuriers.

Decision faicte à Parnasse sur la preseance de Rome, ou de Naples.

CHAP. XXXI.

I L y a lettres du dix-septiesme de ce mois, qui portent que quelques Poëtes estans entrez en discours de la grandeur de la ville de Rome en comparaison de Naples, en se promenant soubs le portail du Temple des Muses, Louys Transilo se mit à dire, que les fauxbourgs de Naples estoient

plus grands que toute la ville de
Rome , lequel impudent men-
fonge fut releué par le Caro , qui
luy donna vn dementy Poëtique,
dequoy s'eftans offenfez les Vertueux de la noble Partenopé , ils
fe ietterent fur le Caro , lequel
incontinent fut fecouru par tous
les Poëtes de fa nation ; & defia
ils auoient mis la main aux rimes
deffenduës , & aux fonnets mor-
dans , auec lefquelles armés ils
eftoient prefts de rendre vn
grand combat ; quand Apollon
qui auoit ouy le bruit , enuoya
le Mutio Iuftinopolitain , lequel
appaifa la querelle, & prit parole
des deux partis dë ne fe point offenfer ; & parce que les Lettrez
auoient autresfois pris les armes
pour femblable fubiect, afin que

chacun fçeut ce qu'il falloit croire, & comme on deuoit parler
de ces deux nobles villes; il commanda à la Rote de Parnaſſe de
diſputer fur ceſte matiere, & d'en
faire vne deciſion. Ce qu'elle a
faiʒt apres auoir ouy beaucoup
de fois les deux parties, ainſi qu'il
ſuit.

Coram reuer. Patre Dom.
Cyno. die 10. Maÿ 1611.

Domini *vnanimes tenuerunt,*
que Naples doit ceder à Rome, pour ce qui eſt de la Maieſté
de la ville, & Rome à Naples
pour les delices de la ſituation,

que Rome doit confeſſer qu'il y
a plus de peuple dans Naples, &
que Naples doit croire aſſeuré-
ment que Rome eſt habitée par
vne plus grande quantité d'hommes, que les eſprits, & les vins
de Naples, pour acquerir leur perfection, doiuent faire le voyage
de Rome, & que les Romains
ſont d'eux-meſmes parfaicts; parce que Rome eſt l'abregé de l'v-
niuers ; que Naples par deſſus
toutes les villes du monde, a acquis la ſcience de dompter les
poulains, & Rome la pratique de
parer les eſprits des hommes, pluſtoſt du fard d'vne apparence exterieure, que de la beauté d'vne
vertu ſolide ; qu'à Naples il y a
plus de Caualiers, & à Rome
plus de Commandes : qu'entre

les Gentils-hommes Romains, ceux-là seulement meritent le titre de Caualiers, qui portent la Croix sur le manteau ; mais qu'indifferemment tous les Seigneurs du siege de Naples, sans porter la Croix sur le manteau, doiuent estre nommez Caualiers, par ce que la Croix que les Espagnols leur font porter sur la peau, les rend assez dignes de ce tiltre.

Discours fait à l'Italie, par vn Gentil-homme Italien, sur les actions, & les desseins du Roy Catholique, pendant la guerre de la Ligue.

CHAP. XXXII.

SI l'Italie vouloit bien considerer, comme elle peut, quelle est la paix dont elle ioüit, elle recognoistroit facilement que c'est vn poison qui l'estouffe, & que pendant qu'elle vit dans vn repos plein d'oysiueté, elle perd ses amis, & ses alliez, ruinez par les guerres ci-

uiles qui les affligent, & voit en la
misere d'autruy les exemples des
perils qui la menacent. Il est vray
que ses peuples ont conserué la pureté de la Religion Catholique, &
que ses Princes ioüissent paisible-
ment de leurs Estats, auec l'obeyssance de leurs subiects, & foison-
nent en richesses, & en beau nombre d'enfans : & à la verité ceste apparence exterieure que produit cette paix, semble luy donner grand
subiect de contentement. Mais
ainsi qu'vn corps de forte & robu-
ste complexion, repousse facilement les mauuaises humeurs qui
corrompent son temperament :
cette vigoureuse Prouince ne sent
pas l'infectió des embusches qu'on
luy dresse, & des artifices dont lon
se sert pour la mettre en seruitu-

de, ou si elle les sent, elle les mes-
prise, & croit auoir assez de forces
pour resister à leur effort ; d'où
vient que sa condition, quelque
paix dont elle ioüisse, en l'Estat, &
en la Religion, est peut-estre aussi
perilleuse, & aussi miserable, que
celle des autres Royaumes qui sont
auiourd'huy tourmentez par l'impieté de l'heresie, ou par les malheurs de la guerre.

Ie suis graces à Dieu, Catholique & Italien, & la cognoissance que i'ay du miserable desordre
dans lequel nous viuons, me contraint de faire part de mon ressentiment à mes amis, & à mes freres,
lesquels ie supplie de lire auec patience & attention, ce mien petit
discours, parce que ie suis asseuré
que i'en tireray le fruict que ie me

fuis promis, & que ma fincerité me
fait efperer.

Le prefent eftat de la France,
me fournit l'argument de l'aduis
que ie veux donner à noftre Italie.
Ce Royaume , comme chacun
fçait, eft diuifé en deux partis, qui fe
font la plus cruelle guerre dont on
ait iamais ouy parler; & en fin le
Roy d'Efpagne s'eft declaré protecteur de l'vn des partis, fous le fpecieux pretexte de la Religió: de forte qu'au lieu qu'à force d'argent, &
de pratiques fecrettes, il a cy-deuát
fufcité & entretenu la diuifion en
ceft Eftat, en donnant fecours aux
Princes de la Ligue, & aux villes
rebelles ; auiourd'huy auec toute
forte d'appareil de guerre, il s'ef-
force à defcouuert, non feulement de chaffer le Roy legitime

de son Royaume, & d'en exclure toute sa maison ; mais mesmes fondant ses armes sur des titres mendiez, & sur des pretentions imaginaires, il tasche d'en vsurper la plus grande partie, tant pour luy, que pour ses parens, & d'engloutir apres cet Estat entierement, en trompant ceux qui ont recherché sa protection, & ruinant ceux qui se sont declarez contre luy, & de se rendre par ce moyen, souuerain Monarque, & arbitre de tout le monde. Or si ce grand Roy a sçeu par ses artifices disposer l'esprit d'vn peuple, qui auoit vne haine inueteree & hereditaire contre luy, à suiure ses conseils, & se seruir de ses armes : & s'il a bien la hardiesse d'entreprendre contre les loix fondamentales de l'Estat,

de donner vn Roy à ce Royaume
à sa fantaisie, & de soubsmettre à
sa Couronne vn Monarque, & vn
Royaume, qui tant par la confide-
ration de ses merites, que de ses
forces, le precede, & tient le premier rang entre tous les Princes
Chrestiens: Qu'est-ce que l'Italie
ne doit point craindre? pense-elle
que ceste publique, & immoderee
auididé de commander, & de dominer toute la terre, ne se prenne
pas aussi à elle; & que le Roy d'Espagne, qui possede ses plus grandes, & plus belles Prouinces, ne
vueille pas à la fin s'en rendre maistre entierement? & croit-elle n'e-
stre pas comprise dans la descri-
ption de sa Monarchie vniuerselle?
Il faut n'auoir point d'yeux, ny de
iugement, pour ne pas recognoi-

stre ce danger, & pour n'estre
point touché de ceste crainte : car
il n'y a point auiourd'huy de lieu
au monde, où ne s'estende l'effort
de la tyrannie Espagnole. La commodité, le profit, & la reputation,
sont de puissans-esguillons pour
faire conceuoir vn dessein, & former vne entreprise : & quand à faute de legitime pretention, lon
prend pour obiect l'vne de ces
trois fins, il faut pour la faire reüssir, se seruir de la fraude, ou de la
violence, & quelquesfois de l'vne
& de l'autre, selon l'occasion &
l'adresse des Ministres à qui le Prince a donné la conduite de son dessein. Si le Roy d'Espagne pouuoit
vnir ce qu'il tient en Italie auec les
Estats des autres Princes, il en tireroit sans doute de la commodité,

du

du proffit, & de l'honneur : mais
en cela il eſt agité de deux contraires mouuemens; car d'vn coſté il n'a
aucun ſubieƈt de leur faire la guerre ; mais d'autre part ſa volonté
eſtant toute diſpoſee à l'entreprendre, il ſe laiſſe violenter par ſes de-
ſirs ambitieux : & comme il a vne
grande confiance en ſes forces, &
en ſes tromperies, & ſoupleſſes ordinaires, il eſpere qu'il mettra facilement à chef ce qu'il entrepren-
dra : & peut-eſtre eſt-il ſur le poinƈt
de nous mettre tous en ſeruitude,
& de faire des trophees à ſa gloire
de la ſotte prudence, & de l'irreſo-
lution de nos Princes. L'Italie eſt
auiourd'huy gouuernee par deux
puiſſances, ſçauoir eſt, la ſpirituel-
le, & la temporelle ; & dautant
qu'il recognoiſt bien qu'vne vio-

V

lence ouuerte, seroit inutilement
employee à leur ruine, & qu'elle se
trouueroit autant impuissante, que
desraisonnable ; il a recours à la
fraude, & aux artifices, pour les
abattre, & les mettre soubs sa domination. Pour le regard de la
puissance spirituelle, il n'y a personne qui n'aduoüe que le Roy
d'espagne y a pris vn tel aduantage, qu'il sera desormais en sa disposition de faire les Papes, & que partant la Cour de Rome releue principalement de son authorité ; pour
à quoy paruenir, il s'est seruy depuis quelques temps du titre specieux de Prince Catholique, & de
Protecteur de l'Eglise, & de Iesus-
Christ, faisant present à des Prelats
auec vne charité feinte, & simulee,
de bonnes pensions, tenant la

main à l'election des Euesques, &
des Cardinaux, attirant à son party
les parens des Papes, & ceux qui
ont plus de credit en ceste Republique, par l'amorce de l'argent, &
des dignitez; amorce si puissante,
qu'elle luy a donné vn applaudisse-
ment vniuersel, & estably sa reputation, auec laquelle il a tasché autant qu'il peut, de conseruer l'opinion de sa puissance en l'esprit des
hommes, & luy a acquis vne suite
simoniaque de personnes interes-
sees, desquelles il se peut promettre toute sorte de seruice, en quelque occasion que ce soit. C'est
pourquoy nous voyons ce grand
nombre de Religieux qui se disent
estre enuoyez de Dieu, pour combattre les heresies de nostre temps,
s'attacher passionnément aux des-

seins de ce Catholique Nembrot
desguisé du pretexte de Religion.
Ces bons Peres ont premierement
pensé à se faire riches, & comme ils
se sont veus en possession de tres-
bon reuenu, ils ont fait bastir des
Temples, & des Monasteres pleins
de pompe, & de magnificence ; &
apres auoir gagné le cœur des pauures peuples, auec mille sortes d'inuentions sainctes en apparence, ils
ont commencé à exercer vne tyrannie insupportable sur leurs ames,
leurs corps, & leurs biens : lors
qu'ils se sont establis en France, en
Allemagne, en Pologne, en Angleterre, & en Portugal, ils disoient
que leur profession estoit de seruir
Dieu : mais il s'est trouué que dés ce
temps là mesme ils ont bien mieux
seruy le Roy d'Espagne ; car pour

cet effect, ils se sont meslez des succ:
cessions des Royaumes, ils se sont
entremis aux negotiations de la
paix, & de la guerre, ils ont formé
des ligues, suscité des rebellions,
dressé des trahisons, traicté des ma-
riages, & fait autres affaires tem-
porelles de ceste qualité; & pour y
paruenir ils se sont instruits des secrets des maisons, & des Estats, par
le moyen des confessions, & de la
familiarité qu'ils ont pratiquee
auec les enfans, & les femmes, &
en ayant la cognoissance, ils y ont
apporté les remedes qu'ils ont iugé
les plus propres pour le bien des affaires des Espagnols, lesquels par
l'étremise de gés de ceste códition,
& autres de mesme cabale, qu'ils
ont à Rome, en toute l'Italie, & en
somme par tout où s'estend l'au-

thorité de l'Eglise Chrestienne, ont
estably leur reputation, & fait
craindre leur puissance. Et combien que dans le Royaume de Naples, fief du sainct Siege Apostolique, les Ministres du Roy d'Espagne entreprennent auec trop de
scandale sur la iurisdiction Eccle-
siastique, & fassent mille sortes
d'iniures aux Prestres, & aux Prelats, & que ces derniers iours nous
ayons veu à Rome les Ambassa-
deurs d'Espagne, menacer le Pape
Sixte V. de saincte memoire, de se
soustraire de son obeyssance, parce
qu'il commençoit à incliner du
costé des François, apres auoir descouuert les tromperies, & les fauf-
setez dont les Espagnols l'auoient
si long-temps entretenu ; neantmoins on n'en dit mot, & non

seulement on endure ceste impieté effrontee, qu'ils condamnent si librement en autruy : mais mesmes il se trouue des personnes qui les excusent, & les deffendent ; & les affaires sont reduites à ce poinct, que lon accuseroit plustost ce bon Pape d'heresie, que lon ne prendroit le Roy d'Espagne pour hypocrite, & pour vsurpateur de l'authorité Apostolique. Et pour ce qui est de la puissance temporelle, qui est celuy qui ne recognoist ce que ces renards Espagnols & Catholiques, ont fait par le passé, & font encore tous les iours pour l'vsurper? Voila que par vn mariage plein de faste, ils ont embarassé vn Prince d'Italie dans vne guerre tres-importante, de laquelle il ne peut esperer vn meilleur succez, que de se voir

V iiij

contraint de mettre fa perfonne &
fon Eſtat entre les mains du Roy
d'Eſpagne, pour l'vnir au Duché
de Milan, & eſtédre par ce moyen
fa domination en Italie, qui eſt
ce que l'Empereur fon pere a tant
defiré, & ce qu'il a fouhaité luy-
meſme auec tant d'affection. Voilà
qu'il donne des penfions à d'autres
auec des titres & des efperances
pleines de vent: voila des diuifions
qu'il a artificieufement fufcité entre les Princes & leurs fubiects, la
Nobleffe & le peuple. Voila qu'il
affifte les Bourgeois côtre les Gentils-hómes, afin de gagner le cœur
de la populace: voila qu'il donne
à la Nobleffe l'ordre de la Toifon,
des titres, & des charges belles en
apparence, pour les faire tomber
dans la feruitude, en leur prefen-

tant l'appas de ces dignitez, qui les
obligent à de gandes defpenfes,
qu'ils ne peuuent longuement entretenir: voila qu'il fauorife les rebelles, & les bannis, & qu'il prend
effrontement la tutele des pupilles,
& de leurs eftats: voila qu'il promet à des Marchans de gros interefts de leur argent, & qu'apres
auoir touché par ces artifices des
fommes immenfes de deniers, fous
pretexte de faincteté, il refufe de
leur payer le profit qu'il auoit promis, & retenant toufiours le prin-
cipal, conuertit en fa fubftance le
fang de l'Italie, pour l'accompliffe-
ment de fes hautes penfees, & de
fes vaftes deffeins. Mais ce qui importe le plus eft, que pour faire la
guerre en Flandre, en Portugal, en
Angleterre, & auiourd'huy en la

miſerable France, il tire les principales forces de ſes Eſtats, pour enuoyer mourir malheureuſemét ſes
ſubiects hors de leur pays , ſans
qu'il luy en reuienne ny victoire,
ny reputation; ce qui nous deuroit
principalement eſmouuoir à penſer à nous , & aux pertes que nous
faiſons à tous coups de nos peres,
de nos freres, & de nos enfans, tuez
cruellement par le fer, & par les
maladies , conſiderans que celuy
pour qui nous combattons, nous
eſt plus grand ennemy, que celuy
contre lequel nous nous armons;
parce qu'en effect celuy de delà les
Monts combat pour recouurir le
ſien, & n'a point de deſſein de nous
offenſer. Mais celuy-cy non content d'vn ſi grand eſpace de terre
qu'il poſſede, employe toutes ſor-

tes de rufes pour troubler noftre repos , & rauir noftre liberté, encores que nous le feruions auec tant de bonne volonté , & fe fert de tous moyens pour nous aneantir, & nous mener en triomphe, auant que la mort luy ferme les yeux.

Dites-moy Duché de Milan, Royaume de Naples, & de Sicile, Eftat de l'Eglife, en quel eftat vous trouuez-vous ? confiderez la ruine qui vous menace , prenez garde comme vous perdez à toute heure vos enfans, & vos biens,& que ce tyran fait des guerres pleines d'iniuftice au prix de voftre fang, & repaift de vos trefors ces horribles harpies, defquelles toutes vos places publiques, & toutes vos maifons font remplies , & que vous eftes contraints de careffer, & de

souffrir à voſtre table, & à voſtre
lict: recognoiſſez le malicieux procedé, & les frauduleuſes violences
de ce grand Roy, de ce Prince ſi
pieux, qui eſtant entré auec les armes dans le Temple de Dieu, a mis
la main au Sanctuaire, diſperſé le
treſor, vſurpé l'election & l'authorité du ſouuerain Preſtre, & s'eſt
rendu redoutable à tout le monde;
& qui conceuant le deſſein ambitieux de la Monarchie de l'vniuers,
veut ſignaler ſon entrepriſe, par la
conqueſte de l'Italie, tant à cauſe
de la reſidence que le Vicaire de
Ieſus-Chriſt y fait, lequel il veut
aſſubiettir à ſa puiſſance, que parce
qu'il recognoiſt que l'Italie, quoy
qu'elle ſoit de peu d'eſtenduë, a aſſez de force pour s'oppoſer aux
prodigieuſes machines de ſa vaine
gloire.

Ainſi ayant acquis les aduantages que nous voyons qu'il a au ſpi-
rituel, il ſe prepare à l'vſurpation
du temporel, tirant tout ce qu'il
peut de nos treſors, par le moyen
de la nation Genenoiſe, & deſ-
poüillant les Prouinces & les villes
tant de ſa domination, que des autres Princes, de ſoldats, & de Capitaines; afin que s'il vit encore quelques annees, il luy ſoit plus facile
de s'en rendre le Maiſtre, auec le
ſecours de ſes autres Eſtats, ou s'il
vient à mourir, que les peuples Italiens ne puiſſent, en ſe ſecourant les
vns les autres, ſe deliurer d'vne ſeruitude ſi inſupportable, & ſi barbare.

Donc ma chere Italie, par ce
ſang innocent que tes enfans verſent à preſent en Prouence, en Sa-

uoye, en Flandre, & en France, par
les chaudes larmes que tant de
malheureuses meres respandent si
souuent, en receuant les nouuelles
de la mort de leurs enfans: par ceste
liberté que tu as rachetee tant de
fois des plus cruels barbares, auec
vne si grande abondance de ton
sang: prens bien garde à toy, ayme
& conserue les richesses, les peuples, & les Princes naturels & le-
gitimes que Dieu t'a donnez, & ne
te fie plus desormais à la barbarie
de ces faux Catholiques, qui t'ho-
norent pour te perdre, & te donnent des recompenses pour le prix
de ta servitude.

F I N.

www.ingramcontent.com/pod-product-compliance
Lightning Source LLC
LaVergne TN
LVHW050212030726
842520LV00002B/493